Du bist Petrus

MIT BEITRÄGEN VON

MATTHIAS BECK
MICHAEL BÜNKER
P. EBERHARD VON GEMMINGEN SJ
THERESIA HEIMERL
WALTER HOMOLKA
MOUHANAD KHORCHIDE
WALTER KIRCHSCHLÄGER
GRIGORIOS LARENTZAKIS
ANDREA LEHNER-HARTMANN
SR. BEATRIX MAYRHOFER SSND
ARNOLD METTNITZER
CLEMENS SEDMAK
ROMAN SIEBENROCK
JAN-HEINER TÜCK
PAUL MICHAEL ZULEHNER

Gerda Schaffelhofer (Hg.)

Du bist Petrus

ANFORDERUNGEN UND ERWARTUNGEN AN DEN NEUEN PAPST

styria premium

INHALT

GERDA SCHAFFELHOFER (Hg.)

Darf der Papst zurücktreten?

VORWORT DER HERAUSGEBERIN

Mag. Gerda SCHAFFELHOFER,
Theologin und Verlegerin,
Geschäftsführerin der Wochenzeitung „Die Furche",
Verlegerin der Styria Buchholding,
Präsidentin der Katholischen Aktion Österreich.

Papst Benedikt XVI. hat mit seinem freiwilligen Amtsverzicht Geschichte geschrieben. Es war zweifellos ein mutiger Schritt. Ungewöhnlich war er allemal und damit unerwartet und überraschend. Und wie alles Überraschende war und ist er Anlass für Spekulationen und Verschwörungstheorien aller Art. Erstaunlich auch, dass sich fast jede und jeder zu einem Kommentar berufen sah. Ob jung oder alt, gläubig oder nicht, ob in der Kirche engagiert oder längst aus dieser emigriert, der Amtsverzicht des Papstes ließ niemanden kalt. Die von Benedikt XVI. getroffene Entscheidung war – im wahrsten Sinn des Wortes – so provokant, dass sich jede und jeder zur Wort meldete, und selbst jene, die das Leiden seines Vorgängers als unerträglich empfanden, zunächst die Frage stellten: „Darf der Papst zurücktreten?" Wir kennen die Praxis der Ostkirchen, wir wissen, dass Patriarchen ihr Leitungsamt zurücklegen können und dies auch in der Regel tun. Aber der Bischof von Rom, der den Anspruch erhebt, die Universalkirche zu leiten? Ist er nicht Stellvertreter Jesu Christi?

Das ist der Papst zweifellos. Ob er deswegen aber sein Leiden und Sterben öffentlich zelebrieren muss, sei dahingestellt. Oder bedürfen wir eines weiteren Erlösungstodes? Sicher ist, dass der Stellvertreter Jesu Christi diesem in seinem Gewissen verantwortlich ist. Benedikt XVI. ist offensichtlich zur Auffassung gekommen, dass er seiner Berufung nicht mehr gewachsen ist, weil seine physischen Kräfte für die an ihn gestellten Anforderungen nicht mehr reichen. Sein Rücktritt ist ein Zeichen menschlicher Größe, ein Akt der Demut und ein Ausdruck seines Glaubens. Nur ein

Papst, der darauf vertraut, dass Christus selbst in dieser seiner Kirche präsent ist, kann einen solchen Schritt setzen. Von Johannes XXIII. ist der Satz überliefert „Giovanni, nimm dich nicht so wichtig, du bist ja nur Papst.“ Benedikt XVI. hat dies auf seine Weise erkannt und gelebt. Er kann als Stellvertreter Christi diese Kirche Christus selbst anvertrauen. Das ist nicht Kapitulation, das ist nicht Flucht, das ist höchstes Verantwortungsbewusstsein, das ist gelebter Glaube.

Auch die Frage, was dem Papst letztlich zu dieser Erkenntnis verholfen hat, ist völlig sekundär. Ob es Vatileaks, der Missbrauchsskandal, die Überfälligkeit der Kurienreform, drohende Kirchenspaltungen waren oder ob die schwindende Glaubwürdigkeit der Kirche den Papst am meisten zugesetzt hat – wir werden es nie wissen. Es ist auch nicht von Relevanz. Warum nicht das ernst nehmen, was Benedikt XVI. selbst als Grund für seinen Rücktritt genannt hat?

„Nachdem ich wiederholt mein Gewissen vor Gott geprüft habe, bin ich zur Gewissheit gelangt, dass meine Kräfte infolge des vorgerückten Alters nicht mehr geeignet sind, um in angemessener Weise den Petrusdienst auszuüben. Ich bin mir sehr bewusst, dass dieser Dienst wegen seines geistlichen Wesens nicht nur durch Taten und Worte ausgeübt werden darf, sondern nicht weniger durch Leiden und durch Gebet. Aber die Welt, die sich so schnell verändert, wird heute durch Fragen, die für das Leben des Glaubens von großer Bedeutung sind, hin- und hergeworfen. Um trotzdem das Schifflein Petri zu steuern und das Evangelium zu verkünden, ist sowohl die Kraft des Körpers

als auch die Kraft des Geistes notwendig, eine Kraft, die in den vergangenen Monaten in mir derart abgenommen hat, dass ich mein Unvermögen erkennen muss, den mir anvertrauten Dienst weiter gut auszuführen."

AB SOFORT IST RÜCKTRITT EINE OPTION

Dieser Amtsverzicht ist freilich nicht isoliert zu sehen. Er betrifft nicht nur Benedikt selbst, sondern alle künftigen Päpste. Denn ab sofort wird Rücktritt immer eine Option sein. Damit hat Joseph Ratzinger neue Weichen gestellt, deren Tragweite angesichts einer durch den medizinischen Fortschritt immer älter werdenden Menschheit noch gar nicht abgeschätzt werden kann. Das Lebenswerk dieses Papstes wird wie bei fast allen Menschen nicht von Zeitgenossen und damit nicht von uns, sondern erst von der Nachwelt adäquat beurteilt werden können. Sein Abgang aber deutet bereits heute an, dass dieser Papst Spuren hinterlassen wird.

EIN KONKLAVE IST KEIN WUNSCHKONZERT

Namedropping ist natürlich die ideale Ergänzung zu allen Spekulationen und Verschwörungstheorien. Dazu will dieses Buch aber keinen Beitrag leisten. Schließlich ist ein Konklave kein Wunschkonzert. Und bevor über Namen gesprochen werden kann, sollte die derzeitige Situation der Kirche genau analysiert und ein Anforderungsprofil für den nächsten Papst erarbeitet werden. Natürlich wissen wir Christen um das

Wehen des Heiligen Geistes. Und viele von uns beten nicht nur um ein sanftes Lüfterl, sondern um ein Brausen, ein neues Pfingsten. Denn wir spüren instinktiv, dass dieser Papstwahl eine besondere Bedeutung zukommt. Wir können und dürfen auch nichts beschönigen: Die Situation der Kirche ist dramatisch. Die Kirche steckt in der Krise.

DIE SEHNSUCHT NACH EINER „ANDEREN KIRCHE"

Für die Behauptung, die Kirche stecke in der Krise, erntet man schnell Zustimmung. Ebenso schnell sind auch viele mit Patentrezepten zur Stelle. Der Zölibat gehöre endlich abgeschafft, die Priesterweihe der Frau eingeführt und die kirchliche Sexualmoral geändert. In diesen Vorschlägen steckt viel Sehnsucht nach einer „anderen Kirche". Wie immer man zu diesen Forderungen im Einzelnen stehen mag, und welch unterschiedliche Erwartungen sich dahinter auch verbergen mögen, die Sehnsucht der Menschen nach dieser „anderen Kirche" muss ernst genommen werden.

Natürlich ist damit nicht einer opportunistischen Anpassung der Kirche an den Zeitgeist das Wort geredet. Eine Selbstsäkularisierung der Kirche in einer säkularisierten Welt würde einer Aufgabe der kirchlichen Identität gleichkommen. Kirche darf nicht aufgehen in der Gesellschaft, aber sie ereignet sich in der Gesellschaft. Und so muss sie sich auch in den gesellschaftlichen Rahmenbedingungen des dritten Jahrtausends ereignen.

WAS BRINGT MIR KIRCHE?

Auch Jesus hat in „seiner Zeit“ gelebt. Er hat die Menschen in ihren Bedürfnissen, Nöten, Ängsten ernst genommen. Er hat ihre Sprache gesprochen, denken wir an die zahlreichen Gleichnisse. Er hat den Gott des Alten Testamentes, der sich Moses eröffnet hat, als „Ich bin da, als der ich da sein werde“ in seinem Dasein für die Menschen in einer neuen Radikalität zur Sprache gebracht und diese Radikalität bis zum Kreuzestod gelebt. Er hat glaubhaft vermitteln können, dass dieser Gott das Heil der Menschen will, dass seine Botschaft den Menschen nicht nur etwas, sondern alles bringt.

„Was bringt mir das?“ Diese Frage wird von Jugendlichen in allen Zusammenhängen ständig auf den Lippen geführt. Aber auch der erwachsene Mensch stellt diese Frage immer wieder; er stellt sie auch der Kirche. Und wenn er von dieser nicht mehr als ein kirchliches Begräbnis erwartet, dann reicht das nicht aus, um dieser Gemeinschaft die Treue zu halten.

Es geht um die zentrale Frage, wie die christliche Botschaft im dritten Jahrtausend verkündet werden kann, damit sie auch heute Menschen erreicht. Wenn man davon ausgeht, dass diese christliche Botschaft die Liebeserklärung Gottes an die Menschen aller Zeiten ist und Kirche den missionarischen Auftrag hat, diese Liebeserklärung weiterzugeben, an den Mann *und* an die Frau! zu bringen, dann müssen wir uns fragen, wie wir diesem Auftrag heute und in Zukunft gerecht werden können. Ein krampfhaftes Festhalten am

Althergebrachten wird nicht ausreichen. Es geht nicht – wie Johannes XXIII. deutlich gemacht hat – um die Anbetung der Asche, sondern um die Weitergabe des Feuers. Die Kirche ist immer eine *ecclesia reformanda* gewesen und wird dies immer sein. Kirche muss immer lebendig sein, offen für neue Aufbrüche, die freilich auch Abschiede mit sich bringen.

Der derzeitige Befund über den Zustand der Kirche wird nicht zu positiv ausfallen können. Dennoch darf nicht vergessen werden, dass jede Krise auch immer eine Chance auf Erneuerung ist. Das Wort Krise kommt aus dem Griechischen: *krinein* bedeutet „unterscheiden". Die Zukunft der Kirche wird in einem hohen Maße von der Gabe abhängen, zu unterscheiden zwischen dem, was beizubehalten, und dem, was aufzugeben ist. Diese Gabe der Unterscheidung ist dem nächsten Papst zu wünschen.

KEINE HANDLUNGSANLEITUNG FÜR DEN HEILIGEN GEIST, SONDERN MOSAIKSTEINE ZUR REFLEXION

Weder ist dieses Buch eine Handlungsanleitung für den Heiligen Geist noch erhebt es Anspruch auf Vollständigkeit. Die Autoren – anerkannte Theologinnen und Theologen, die in Österreich, Deutschland und der Schweiz lehren und wirken – haben sich bereit erklärt, innerhalb weniger Tage die Anforderungen und Erwartungen, die auf den neuen Papst in den nächsten Jahren zukommen, zu reflektieren und zu Papier zu bringen. Was diese Autorinnen und Autoren vereint ist, dass jede und jeder von ihnen die Liebe zur Kirche mit einer gesunden Portion an Kritikfähigkeit verbindet. Und so bietet dieses Buch viele Mosaiksteine, die dem aufmerksamen und an der Kirche interessierten Leser zum Reflektieren und Weiterdenken einladen wollen. So verschieden diese Mosaiksteine auch sein mögen, einige Grundgedanken lassen sich einleitend skizzieren:

ES GEHT UM EINE ENTMYTHOLOGISIERUNG UND REDIMENSIONIERUNG DES PAPSTTUMS.

Der Papst ist kein Gott auf Erden. Er darf daher nicht zum Projektionsfeld all unserer Wünsche und Erwartungen werden. Es bedarf einer Dekonstruktion sowohl der überhöht positiven wie negativen Projektionen (Roman Siebenrock). Dem Papsttum muss die menschliche Dimension des Amtes wieder zurückgegeben werden. Je menschlicher der nächste Papst wahrgenommen wird, umso glaubwürdiger wird er seine zugegeben hohe Verantwortung leben können (Arnold Mettnitzer).

DIE BESONDERE BERUFUNG DES PETRUS (LK 22,31–34) BESTEHT IM AUFTRAG JESU, SEINE SCHWESTERN UND BRÜDER ZU STÄRKEN.

Damit ist eine positiv ermutigende, motivierende, unterstützende Tätigkeit gemeint. Diese hat nichts mit Bevormundung und Kontrolle zu tun. In der Verbundenheit mit Christus besteht die Geschwisterlichkeit aller Getauften.

Petrus spricht und handelt aus ihrer Mitte heraus. Eine monarchische Leitungsspitze der Kirche ist aus den biblischen Befunden nicht ablesbar (Walter Kirchschläger). Kirchlicher Zentralismus, mangelnde Kommunikation und Transparenz widersprechen den Prinzipien der Geschwisterlichkeit. Es bedarf der Umsetzung des Kollegialitätsprinzipes auf Basis des Zuhörens (Clemens Sedmak). Und da die Geschwisterlichkeit der Kirche sich nicht nur auf Männer, sondern auch auf Frauen bezieht, kann die Erwartung, der Papst möge auch uns Frauen zuhören (Beatrix Mayrhofer), nicht nur ein frommer Wunsch sein.

INHALTLICH GEHT ES DARUM, SICH MIT DEN HERAUSFORDERUNGEN DER MODERNE AUSEINANDERZUSETZEN UND ÜBERZEUGENDE ANTWORTEN ZU FINDEN (Eberhard von Gemmingen).

Die Flucht in die heilige Welt der Vergangenheit und die apokalyptische Verwerfung der Gegenwart führen nicht weiter (Roman Siebenrock). Die Sehnsucht nach der überschaubaren Idylle der Vergangenheit angesichts der immer komplexer werdenden Welt ist zwar verständlich, würde aber nicht einmal einen Konzern erfolgreich positionieren, geschweige denn Kirche (Theresia Heimerl). Diese darf weder aus Nostalgie noch aus falsch verstandener Pflege der Tradition die Botschaft Jesu in einem Mausoleum begraben. Vielmehr gilt es, aus dem Rückgriff auf diese Botschaft Jesu neue Perspektiven für ein menschenfreundliches Leben im Hier und Heute zu entwickeln und diese mit dem Verweis auf die Autorität Gottes gegenüber allen menschenfeindlichen Entwicklungen zu verteidigen (Andrea Lehner-Hartmann).

Kirche muss sich in der rasant sich verändernden Welt der Gegenwart bewähren. Sie muss mit den Naturwissenschaften und Humanwissenschaften ins Gespräch kommen und offen auf andere Konfessionen, Religionen, aber auch auf Agnostiker und Atheisten zugehen (Matthias Beck). Gerade Fernstehende können der Kirche blinde Flecken spiegeln und zur selbstkritischen Aufarbeitung der kirchlichen Unglaubwürdigkeit und zu einer *Ecclesia semper purificanda* beitragen (Jan-Heiner Tück).

Kirche muss Weltkirche werden, sie muss die ganze Welt im Blick haben. Der künftige Papst braucht einen Welthorizont, der angstbesetzte Hang zur Uniformisierung muss ein Ende haben. Es bedarf der kontinentalen Vielfalt (Paul Michael Zulehner). Die Einrichtung patriarchaler Räume und eines *Communio-Primates* könnte zukunftsträchtig sein (Jan-Heiner Tück). Dies würde keine Bedrohung der Einheit darstellen, sondern wäre eine Chance zur Verlebendigung der einen Kirche (Andrea Lehner-Hartmann).

EIN KONSTRUKTIVER UMGANG MIT VIELFALT KÖNNTE AUCH FÜR DIE ANLIEGEN DER ÖKUMENE SENSIBILISIEREN.

Eine Kirche, die nach innen pluralitätsfähig ist, kann auch nach außen auftreten, ohne selbst Angst zu haben oder Angst zu verbreiten (Andrea Lehner-Hartmann). Die Forderung nach Rückkehr oder gar Unterwerfung anderer ist aufzugeben zugunsten eines Dialogs im Geist des Vertrauens der gegenseitigen Hochachtung und Liebe (Grigorios Larentzakis). Es wäre auch ein ermutigendes Zeichen, wenn der Papst, der in der globalisierten Welt als der Sprecher der Christenheit wahrgenommen wird, auch die Positionen anderer Kirchen aufnehmen würde, ohne die Unterschiede zu verwischen. Dies wären ein sichtbarer Ausdruck des Dialogs und ein wichtiger Schritt zu größerer Gemeinsamkeit (Michael Bünker). Auch das Gespräch heutiger Christen mit heutigen Juden sollte dem Papst wichtig sein. Dabei geht es nicht nur um die Anerkennung, dass Gottes Treue zur Erwählung Israels ewig währt, sondern auch um das Aufspüren gemeinsamer Felder des Engagements wie z. B. Gerechtigkeit und Frieden (Walter Homolka). Nicht jede Annäherung gelingt gleich auf Anhieb. Das sollte aber nicht entmutigen, sondern motivieren, im Dialog und in der gegenseitigen Wertschätzung zu wachsen (Mouhanad Khorchide).

KIRCHE UND PAPST SIND BERUFEN ZUR NACHFOLGE JESU CHRISTI.

Ihre Aufgabe ist es, in Wort und Tat ein Gottes- und Menschenbild zu vermitteln, das auch heute erfahrbar macht, dass Gott ein Gott des Lebens, der Befreiung, der Erlösung ist, der den Menschen zum Erblühen (flourishing) bringen möchte. Die Herausforderung besteht darin, dieses christliche Gottes- und Menschenbild bis in Alltagsfragen hinein neu herauszuarbeiten (Matthias Beck) und aufzuzeigen, dass in jedem Menschen eine von Gott gegebene Berufung, ein inneres unverwechselbares Potenzial darauf wartet, entdeckt zu werden. Kirche ist nur Kirche, wenn sie für die Menschen da ist und sich dabei nicht nur auf ihre Mitglieder beschränkt (Arnold Mettnitzer).

Dass Gott den Menschen zum Erblühen bringen möchte, kann nur ein Papst, glaubhaft verkünden, der selbst Gott als lebendige Lebensrealität erfahren hat und den Willen Gottes sucht; ein Papst der in einer lebendigen Gotteserfahrung steht, der den Berg der Verklärung erstiegen und die Erfahrung gemacht hat, es ist gut, hier zu sein. Ein solcher Papst wird die Bereitschaft aufbringen, sich überraschen zu lassen, sich wie Petrus am Berg der Verklärung von der Wolke in den Schatten stellen zu lassen, sich jederzeit von Gott „durchbrechen zu lassen“, denn Liebe „macht alles neu“ (Clemens Sedmak).

In dieser lebendigen Gottesbeziehung wird vieles möglich. Auch ein kraftvolles und angstfreies Zugehen auf Menschen und Welt, wie es das II. Vatikanum mit seinem Aggiornamento eindrucksvoll vor Augen geführt hat. Ob wir ein neues Konzil brauchen, sei dahingestellt. Vielleicht bedarf es nur eines Papstes, der das II. Vatikanum als Geschenk des Heiligen Geistes an die Kirche begreift (Roman Siebenrock), als ein neues Pfingsten, dessen Wucht und Dynamik erst zugelassen werden muss, damit es seine Wirkung voll entfalten kann und Gottes große Taten in einer Sprache verkündet werden, die die Menschen verstehen.

Das vorliegende Buch, liebe Leserinnen und Leser, möchte

zu den Diskussionen um die Papstwahl einen konstruktiven Beitrag leisten. Es mag aber auch durchaus eine Option sein, das Wirken des neuen Papstes auch nach Aufsteigen des weißen Rauches aufmerksam zu verfolgen und aus der „Dackelperspektive" (Matthias Beck) der Autorinnen und Autoren dieses Buches zu kritisch zu begleiten.

Drei Bemerkungen seien noch gestattet:

Die Beiträge erscheinen in alphabetischer Reihenfolge. Es gibt keine zwingende Notwendigkeit, die Texte von A–Z zu lesen. Ein Einstieg über eine Theologin, einen Theologen Ihrer Wahl kann sich durchaus empfehlen.

Durchgehend „gegendert" wurden die Texte nicht, weil ich davon ausgehe, dass wir uns alle als Geschöpfe Gottes (in jeder Endung) angesprochen fühlen dürfen und primär die Ebenbildlichkeit Gottes und nicht das Geschlecht das Besondere unseres Menschseins ausmacht.

Und zuletzt darf ich allen herzlich danken, die dazu beigetragen haben, dass Sie dieses Buch nun in Händen halten. Menschen können Erstaunliches leisten, wenn sie be-geistert sind. So möge Ostern zu einem neuen Pfingsten werden.

Gerda Schaffelhofer

MATTHIAS BECK

Spiritualität und Welt

ANFORDERUNGEN AN DEN NEUEN PAPST

Univ. Prof. Dr. med. Dr. theol. Matthias BECK, *abgeschlossene Studien in Pharmazie, Medizin, Philosophie und Theologie, Promotion in Medizin und Theologie, Habilitation in Moraltheologie, seit 2007 außerordentlicher Universitätsprofessor für Moraltheologie mit Schwerpunkt Medizinethik. Autor zahlreicher Bücher, Mitglied der Akademie für das Leben im Vatikan, Mitglied der Bioethikkommission beim österreichischen Bundeskanzler.*

1. HINFÜHRUNG

Es ist eine eigenartige Vorstellung, jemand sollte wissen können, was in der Weltgeschichte jetzt dran ist und was ein künftiger Papst leisten können sollte. Das klingt ein bisschen vermessen und es hört sich so an, als wolle jemand dem neuen Papst noch ein paar Ratschläge mit auf den Weg geben. Darum kann es natürlich nicht gehen. Dennoch kann man aus der eigenen „Dackelperspektive" in die Zeit und das eigene Leben hineinhorchen und von dort aus versuchen, sich vorzustellen, was man sich wünschen würde oder was wichtig sein könnte. Eine solche Art Brainstorming soll der vorliegende Artikel sein, mehr nicht.

Schon die Wahl des neuen Papstes enthält viele Unwägbarkeiten. Ideal wäre es, wenn Gott selbst ihn auswählen und rufen würde. So wie jemand (im Idealfall) Priester wird, weil Gott ihn dazu beruft, so sollte es auch bei einem Bischof sein, einem Kardinal, einem Papst. Gott selbst sollte ihn auswählen: nicht ihr habt mich erwählt, sondern ich habe euch erwählt. Der Ersthandelnde ist Gott, der Mensch antwortet darauf. Der Blick in die Realität zeigt aber, dass die Welt nicht ideal ist. Also wird dieser Idealfall der Berufung zum Priester, zum Bischof, zum Papst nicht in allen Fällen eintreten. Die Motive und Beweggründe der Erwählten sind durchmischt. Und umgekehrt ist auch die Motivlage der Wählenden im Konklave mehrschichtig. Es gibt innerweltliche Motive, die das Geistliche überlagern können: politische Überlegungen, Machtspiele, psychische Dispositionen, Herkunftsland, Sprache, womöglich auch Intrigen.

So ist das Spirituelle oft überlagert von innerweltlichen Motiven und Interessen. Das eine vom anderen unterscheiden zu können, wäre sicher ein erstes Charisma, das für einen neuen Papst wünschenswert wäre. Dazu bedarf es einer tiefen Spiritualität, der Gabe der Unterscheidung der Geister, einer guten Geistes- und Herzensbildung und einer guten Hand im Umgang mit den Mitarbeitern der Kurie in Rom. Bezeichnenderweise weisen viele Bischöfe, Kardinäle und auch der Papst selbst in diesen Tagen darauf hin, dass es in der Kirche nicht um Eitelkeiten, Machtstreben oder Erfolgssuche gehen darf, sondern um das Finden und Umsetzen des göttlichen Willens.

Die Zukunft der Menschen und der Kirche wird auch davon abhängen, wie es gelingt, das Spirituell-Geistige und die Anbindung an Gott wieder in den Vordergrund treten zu lassen, damit nicht Machtspiele zur Aufrechterhaltung eines Apparates verwendet werden. Neben der Versuchung des Zweifels (Gott wird Dich in der Wüste im Stich lassen, deshalb mach doch aus Steinen Brot) war es vor allem die Versuchung der Macht, die Jesus bestehen musste (dies alles will ich Dir geben, wenn Du niederfällst und mich anbetest). Die dritte Versuchung ist jene der Theologie, dass man mit der Schrift alles machen kann, je nach Auslegung. Auch hier braucht es wieder einen neuen spirituellen Sinn für die Schriftauslegung, die die existentielle Dimension des Christentums und seine Relevanz für den Alltag herausarbeitet.

Bezogen auf die Macht muss man sagen, dass diese besonders gefährlich ist, da es nicht primär um deren Erhalt geht, es geht noch nicht einmal primär um die Kirche, sondern um den Menschen. Gott ist Mensch geworden, um dem Menschen zu helfen. Ich bin nicht gekommen um zu richten, sondern um zu retten, sagt Jesus. Die Kirche ist für diese Rettung ein Hilfsmittel, ein Heilmittel, ein Sakrament. Sie ist nicht Gott selbst und muss täglich mehr durchlässig werden für das Wirken Gottes. Alles, was diesem Wirken im Wege steht, schadet der Kirche und den Menschen. Das gilt für jeden einzelnen Menschen ebenso wie für die Kirche in ihrer Struktur.

2. SPIRITUALITÄT DES CHRISTENTUMS

Für eine zeitgerechte Vermittlung des Christentums und eine „Neustrukturierung" der Kirche wäre es zunächst wichtig, eine tiefe christliche Spiritualität zu vermitteln. Die Menschen wissen in vielen Bereichen nichts davon. Sie suchen in Asien und in anderen Religionen und wissen nichts von der eigenen spirituellen Tradition. Diese sollte von einem neuen Papst vermittelt werden. Er sollte ein Jahr der christlichen Spiritualität und ein Jahr der spirituellen Tradition ausrufen.

Eine solche christliche Spiritualität hängt zunächst zusammen mit der Vermittlung eines „richtigen Gottesbildes" und eines „richtigen Menschenbildes". Es gilt, den „wahren Gott" darzustellen und vom wahren Gott aus auch den Menschen in seinem tiefsten Kern zu erfassen. Der christliche Gott ist ein Gott des Lebens, ein Gott, der jedem einzelnen Menschen zur Entfaltung seines Lebens verhelfen will, damit sein Leben blüht. Christentum ist *flourishing,* Blühen könnte man sagen. „Ich bin gekommen, damit sie das Leben haben und es in Fülle haben" (Joh 10,10). An den Früchten soll man den Menschen erkennen.

Der christliche Gott ist ein Gott der Befreiung und Erlösung. Er will den Menschen befreien von äußeren Unfreiheiten (Handlungsfreiheit), aber auch von falschen inneren Abhängigkeiten. Der Mensch soll dazu hin befreit werden, seinen tiefsten Willen vollziehen zu können und nicht durch psychische Einflüsse dauerhaft blockiert zu sein (Willensfreiheit). Zur Freiheit hat Christus den Menschen befreit, heißt es im Galaterbrief (Gal 5,1). Die Befreiung von äußeren Umklammerungen und inneren Blockaden soll dazu führen, dass der Mensch sein ureigenstes Wesen vollziehen kann. Er soll das vollziehen, was Gott in ihn hineingelegt hat. Er soll das Bild herausbilden, das Gott ihm eingeprägt hat. Das ist Bildung im tiefsten Sinn.

Dies tut er, indem er seiner einmaligen und unverwechselbaren Berufung folgt. Er soll mit der Hilfe Gottes sein Leben zur Entfaltung bringen, seine Talente vermehren (aus drei Talenten sechs machen) und so an der Schöpferkraft Gottes mitwirken. Dies darf keine Selbstverwirklichung im egoistischen Sinn sein, sondern muss auch den Nachbarn, den Armen, Kranken, Unterdrückten und Gefangenen immer mitnehmen. Denn auch sein Leben soll zum Gelingen kommen.

Ein neuer Papst sollte – so wie jeder Christ auch – diese zentrale Botschaft des Christentums wieder stärker betonen. Die verschüttete oder neu zu entdeckende Dimension des Spirituellen und Mystischen sollte im Christentum aktiviert werden. Kontemplation ist überall gefragt. *Contemplativus in actione,* heißt es bei Ignatius von Loyola. Kontemplativ durch den Alltag gehen. Das heißt, aus der inneren Verbindung zu Gott leben und von dort her den Alltag gestalten und nicht umgekehrt den Alltag irgendwie leben und dann Gott zusätzlich etwas Raum einräumen. Dieses kontemplative Element im Alltag heißt nicht, viele mündliche Gebete zu verrichten (... sollt ihr nicht plappern wie die Heiden, Mt 6,7), sondern in ständigem Dialog mit Gott sein und von dort her seine Entscheidungen treffen. Ein solcher spiritueller Zugang würde nicht in Opposition zur gegenwärtigen Welt treten, sondern von innen her die Welt wie einen Sauerteig durchdringen. Eine solche Spiritualität könnte sehen, dass in der Suche des Menschen (trotz mancher Fehlstellungen) immer auch etwas Richtiges zu finden ist. Das Richtige sollte auch im Verkehrten und Verstellten entdeckt werden.

Der Mensch will frei sein und sich selbst verwirklichen. Darin steckt zunächst nichts Schlechtes und viel Richtiges. Es stellt sich aber die die Frage, ob das schon die ganze Wahrheit ist. Anstatt das Streben nach Selbstverwirklichung anzuprangern, könnte man positiv daran anknüpfen, dass im Letzten jeder Mensch sich selbst sucht und nach seiner Wahrheit Ausschau hält. Dann aber könnte aufgezeigt werden, dass diese Selbstverwirklichung auf Dauer aus sich selbst heraus nicht gelingen kann. Die gesuchte Selbstverwirklichung wird gerade verfehlt, wenn der Mensch bei sich selbst stehen bleibt. Er ist vom Ursprung her ein Wesen, das sich überschreitet (der Mensch überschreitet den Menschen um ein Unendliches, Pascal). Außerdem ist der Mensch als Geistwesen auf das Absolute hin ausgerichtet (Hegel). Diese Ausrichtung auf das Absolute muss ernst genommen und gestaltet werden. Dazu bedarf es der Beantwortung der Frage, wie man sich dieses Absolute vorstellen soll (oder sich vielleicht gar nicht vorstellen soll, aber wahrnehmen), was es ist und wie es von den Menschen, von der Kirche und damit auch vom Papst vermittelt wird.

Und hier stellt sich eine fundamentale Aufgabe für einen neuen Papst: Es gilt, das christliche Gottesbild und Menschenbild bis in Alltagsfragen hinein neu herauszuarbeiten und die Suche des Menschen nach seiner eigenen Identität ernst zu nehmen. Diese Identität und die Suche des Menschen nach Selbstverwirklichung und Freiheit verändern sich auch durch das Internet. Der Mensch baut sich oft aus dem Internet seine Identität zusammen. Die neuen Medien haben die Welt, das Denken und das Suchen der Menschen fundamental verändert. Daher muss man den jungen Menschen vor allem zuhören, was sie bewegt, was sie brauchen, was ihnen fehlt.

Beziehungen bekommen einen anderen Charakter durch Handys und SMS. Sie sind kürzerlebig, unverbindlicher, aber auch globaler und vernetzter. Was das bedeutet, muss (auch in der Forschung) herausgearbeitet werden. Das muss man verstehen lernen. Ein neuer Papst wird viel hinhören müssen, wie die jungen Menschen von heute denken und wie sie sich zum Teil aus dem Internet ihr Leben selber zusammenbauen. Schafft der Mensch sich selbst und sein Leben neu aus diesen Interaktionen? Hier stellen sich gewaltige Fragen für die Zukunft. Geht es gar um die Neuschöpfung einer virtuellen Welt? Was macht das mit dem Menschen? Hier ist schon lange etwas ganz Neues entstanden.

Mit moralischen Forderungen allein wird die Zukunft des Menschen und der Kirche nicht zu gestalten sein. Theologische Aufgabe und damit auch jene des Papstes ist heute, beim Menschen in seiner konkreten Alltagswelt und bei seiner oft impliziten und unbewussten Gottsuche anzusetzen. Der Mensch ist ein Wesen des Geistes, und als dieses Geistwesen hält er Ausschau nach dem Absoluten. Außerdem ist er ein Wesen des Leibes und existiert in einer Leib-Seele-Einheit. Der Mensch ist Geist in Leib. Und bei dieser Leibverfasstheit könnte auch eine christliche Vermittlung ansetzen. Man kann den Menschen fragen, wie er sich fühlt, wie es ihm geht, was in ihm vorgeht, was in seinem Inneren geschieht und wie sich das anfühlt. Der Mensch ist immer irgendwie gestimmt, hat Heidegger gesagt. „Nimm dein Selbst wahr", ist ein Satz aus der Mystik. Es geht um die Vermittlung einer tieferen Selbstwahrnehmung und darum, die Stimme Gottes durch die Leiberfahrungen hindurch wahrnehmbar zu machen. Das gilt auch für den, der noch nie etwas von Gott gehört hat. Der Mensch kann darauf hingewiesen werden, dass Gott in seinem Leib erfahrbar wird. Gott hat sich inkarniert in Jesus Christus, aber auch in jedem einzelnen Menschen (ihr seid ein Tempel des Heiligen Geistes, 1. Kor 6,19).

So müsste die Erfahrung Gottes heute über ein Stück Selbsterfahrung, Selbstwahrnehmung, Schärfung der Sinne gehen. Seid nüchtern und wachsam (1. Petr 5,8). Es könnte mehr über die positiven Entwicklungschancen im Mensch gesprochen werden und erst in einem zweiten Schritt darüber, was geschieht, wenn man diese positiven Möglichkeiten nicht ergreift, wenn man sich absondert von der Lebensdynamik Gottes, wenn man sich und dem Leben etwas schuldig bleibt und dann letztlich auch Schuld auf sich lädt. Vom Leben und der Lebensentfaltung her wird klar, was Schuld ist und nicht umgekehrt. Das heißt, es sollte immer erst vom Leben und seiner Größe gesprochen werden und nicht zuerst von Schuld. Sünde und Schuld sind im Letzten das Verfehlen der Größe des eigenen Lebens.

Beim Streben nach Freiheit und Selbstverwirklichung des Menschen könnte also angesetzt werden. Man kann dem Menschen klar machen, dass er ohne die Anbindung an Gott diese Freiheit, „Selbstverwirklichung“ und Lebensentfaltung gerade nicht finden wird. Wirkliche Selbstverwirklichung ist die Verwirklichung des Göttlichen im Menschen, Gottesverwirklichung. Nur wenn der Mensch vergöttlicht wird, erlangt er seine wirkliche Menschlichkeit. Das Christentum denkt groß vom Menschen. Damit der Mensch dieses Göttliche in sich vollziehen kann, muss er frei werden von falschen Abhängigkeiten. Wenn er das Göttliche in sich zum Vorschein kommen lässt, kann er sein Wesen und damit seine wahre Berufung und Freiheit vollziehen.

Zweitens könnte man ansetzen bei der Isolierung und Vereinsamung des Menschen. Statt dies als Individualismus zu brandmarken, kann man den Menschen bei der Sehnsucht abholen, ein Ich zu sein, ein Einzelner zu sein, der gerade in seiner Individualität ernst genommen wird. Man kann ihm vermitteln, dass genau das Gott von ihm will, dass er ein Einmaliger und Einzigartiger ist, unverwechselbar und unersetzbar. Diese Einzigartigkeit, die ihn nicht in die Isolation geraten lässt, findet er aber wiederum nur in der Anbindung an den Gott, der jeden Menschen in diese Einzigartigkeit ruft. Aus sich selbst heraus findet der Mensch sie gerade nicht, aus sich selbst heraus gerät die Einzigartigkeit und Einmaligkeit in Isolation und Einsamkeit.

Es müsste auch in der Vermittlung des Evangeliums durch den Papst gezeigt werden können, dass gerade die tiefste Sehnsucht des Menschen nach Einmaligkeit und Angenommensein durch die Anbindung an den wahren Gott ihre Erfüllung findet und nicht verstellt wird. Die Vermittler des Christentums (und das sind wir alle ebenso wie der Papst) müssen sich umgekehrt fragen lassen, wo sie die Botschaft Gottes verdunkeln und falsch darstellen, so dass die Menschen gerade diese zentrale Botschaft vom Angenommensein und Geliebtwerden nicht verstehen. Aus einer solchen schlechten Darstellung heraus entsteht nämlich – wie das II. Vatikanische Konzil sagt – Atheismus.

Selbst wenn der Mensch von anderen herkommt und so immer schon ein soziales Wesen ist, muss er doch durch diese Ichwerdung und Vereinzelung hindurchgehen, um dann (aus der Gottesanbindung) neu auf den anderen zugehen zu können, um so eine reife Gemeinschaft zu bilden. Das gilt für den Einzelnen, aber auch für Gemeinschaften. Sekundär wird sich dann zeigen, dass der Mensch seine innerste Erfülltheit gerne mit anderen teilen würde. Er kommt also – das wäre eine These – aus der Vereinsamung nur heraus durch die Anbindung an Gott, die das Verhältnis zu sich selbst verbessert und damit auch das Verhältnis zu anderen. Aus dieser Anbindung an Gott entsteht eine Freude, die geteilt werden will und die dazu führt, dass neue Gemeinschaft entsteht. Und so wird der Mensch überhaupt erst beziehungsfähig aus einer inneren Anbindung an Gott.

3. SPIRITUALITÄT UND ZERBROCHENE BEZIEHUNGEN

Hier wären weitere große Aufgaben eines neuen Pontifikates: Darzulegen, dass die Beziehungsfähigkeit des Menschen auf einer intakten Beziehung zu Gott ruht. Der Mensch muss die Beziehung zu Gott, zum anderen Menschen und zu sich selbst ein Leben lang einüben. Die Beziehung zu Gott meint nicht nur, irgendwie an Gott zu glauben, sondern angeleitet zu werden, konkret nach dem Willen Gottes zu suchen. Und hier hat die Kirche eine Bringschuld. Wenn der Christ mit dem Heiligen Geist getauft und später gefirmt wird und eine der Gaben des Heiligen Geistes Erkenntnis ist, dann hat das Bedeutung für das menschliche Leben: Spätestens mit der Firmung sollte dem jungen Menschen ein Weg aufgezeigt werden, wie er die Beziehung zu Gott aufrecht erhalten kann (tägliche Räume der Stille, zum Beispiel dreimal täglich eine viertel Stunde, tägliches Bibellesen, geistliche Literatur).

Durch diese tägliche Übung wird der Mensch schrittweise Gott besser kennen lernen und so auch sich selbst. Wenn er sich selbst besser kennt, wird er auch den anderen besser kennen lernen „als den wirklich Anderen“ (Levinas) und nicht durch die Brille der eigenen Projektionen. Wenn der Heilige Geist die Erkenntnis (Selbsterkenntnis, Gotteserkenntnis, Welterkenntnis, Erkenntnis des anderen) fördert, sollte das dem jungen Menschen gesagt werden. Und es sollten ihm auch konkrete Handlungsanregungen gegeben werden, wie er diese Beziehung zu Gott, zum Heiligen Geist und damit zur tieferen Lebenserkenntnis fördern kann. Zum Beispiel gibt es die große Tradition der Exerzitien des Ignatius von Loyola, in denen der Mensch lernen kann, durch die Analyse seiner Seelenbewegungen in seinem Inneren schrittweise den Willen Gottes besser zu erkennen. Dies ist gerade für junge Menschen von großer Bedeutung, denn für sie stehen zwei große Lebensentscheidungen an: den richtigen Beruf zu finden und den richtigen Ehepartner. Und beides ist von entscheidender Bedeutung für ein gelingendes Leben.

Das heißt, die Kirche muss den Mensch spirituell ausbilden für die großen Lebensaufgaben. Da gibt es einiges nachzuholen. Ein neuer Papst könnte hier Entscheidendes voran bringen. Das erste ist, dass der Christ ernst nimmt, was er glaubt. Und dass die Botschaft wirklich ernst gemeint ist. Wenn es diesen göttlichen Geist gibt, dann bewirkt er auch etwas. Manchmal hat man den Eindruck, dass Verkünder des Evangeliums etwas verkünden, was sie selbst gar nicht glauben. Glaube hat etwas mit Wirklichkeit im tiefsten Sinne zu tun. Da wird etwas bewirkt. Und das bringt etwas. Genau danach fragen junge Menschen: Was bringt mir das Christentum, was bringt mir die Kirche? Und diese Frage kann man wörtlich nehmen: Welche Nahrung bringt sie mir, was bringt sie mir?

An diesem Punkt bringt das Christentum den Menschen, dass sie durch die Unterscheidung der Geister herausfinden können, was der Wille Gottes ist. Dies können sie in Exerzitien lernen. Sie werden dadurch in die Lage versetzt, bessere Entscheidungen zu treffen: Im Alltag, aber auch für die großen Lebensentscheidungen des Berufes oder der Ehe. Es ginge darum, hier präventiv wirksam zu werden, wie das auch in der Medizin geschieht. Es müssten viel früher und tiefer die psychologischen und geistlichen Bedingungen der Möglichkeit dafür geschaffen werden, dass der Mensch gute Entscheidungen treffen kann, beziehungsfähig und gemeinschaftsfähig wird. Wenn diese Grundlagen gelegt sind, ist die Wahrscheinlichkeit für eine gut gelingende Beziehung größer als ohne diese Grundlage. Wenn Beziehungen dann zerbrechen und zum Beispiel eine neue Ehe eingegangen wird, ist im Einzelfall Barmherzigkeit walten zu lassen. Barmherzigkeit kann darin bestehen, klare Regeln zu haben, sie muss aber immer auch das „Instrument“ der Epikie anwenden, die im Einzelfall über diese Regeln hinausgeht im Sinne der größeren Gerechtigkeit.

Der oft angeprangerte Individualismus oder Egoismus, der Ursache sein soll für zerbrechende Beziehungen, müsste also auf seine Ursachen hin angeschaut werden. Ein neuer Papst könnte hier entscheidende Weichen stellen. Schon die vorhergehenden Päpste haben die anderen -ismen (Kommunismus, Materialismus) analysiert und aufgezeigt, dass ihnen allen etwas fehlt, dass sie ein verkürztes Menschenbild haben, das den Menschen nicht in seiner Ganzheit erfasst. Dadurch kommen sie zu Fehlschlüssen über den Menschen und über die Welt und schaden dem Menschen.

Um ein ganzheitliches Menschenbild und ein befreiendes und heilendes Gottesbild zu vermitteln und dem Einzelnen zu helfen, sein eigenes Leben zu finden, müsste nach dem Jahr des Glaubens explizit ein Jahr der christlichen Spiritualität ausgerufen werden und eine großangelegte Aufklärung darüber, wie man diese Spiritualität in den Alltag übersetzt und was das Christentum eigentlich ist. Für die Vermittlung dieser Spiritualität hieße das, den Menschen zu verdeutlichen, dass Christentum im Zentrum keine Buchreligion ist, sondern eine Religion einer Person, die in Beziehung tritt zu jedem einzelnen Menschen. Es geht um die personalen Beziehungen des Menschen zum „Mensch gewordenen Gott“ Jesus Christus. Zur Grundlegung, Unterstützung und Vertiefung dieser Beziehung sollte die Kirche ihren Beitrag leisten. In Räumen der Stille könnte der Mensch angeleitet werden, in sich hineinzuhorchen, seine Selbstwahrnehmung zu schärfen, die Stimme Gottes in seinem Inneren hören zu lernen, um so im wahrsten Sinne ein Christ zu werden, das heißt an Christus angebunden zu sein.

Von einer solchen Grundkonzeption aus müsste nicht nur der Mensch ausgebildet werden, sondern es müssten viele andere Fragen bedacht werden. Ein weiteres großes Feld wäre die Unterscheidung zwischen dem, was von Gott her unbedingt notwendig ist (z. B. bei der Liturgie, den Sakramenten, dem Priesteramt), und dem, was sich im Laufe der Geschichte an Unwesentlichem darüber gelagert hat. Das können Machtinteressen sein, das kann Angst, Beliebigkeit oder Nachlässigkeit sein. Die Gründe für die Überlagerungen sind vielfältig. Es ginge in dem Sinne um eine Reinigung des Christentums.

Sollte diese Reinigung möglich sein (und das Wissen über das Zentrum des Christentums ist oft nicht vorhanden), könnten auch die Hilfsmittel und Heilmittel, die die Kirche bereit hält, in einer neuen Sprache in ihrer Alltagsrelevanz dargestellt werden, um dem Menschen auf seinem Lebensweg zu helfen. Diese Heilmittel, die Heilige Mittel sind, werden Sakramente genannt: die Taufe am Beginn des Lebens (kann auch später sein), die Erstkommunion für kleine Kinder, die noch einen unmittelbaren Zugang zu Gott haben, die Firmung im Übergang und der Krise zum Erwachsenwerden, die Krankensalbung in Zeiten der Krise und der Krankheit, das Sakrament der Ehe, um einen Lebensbund von Gott her tragen zu lassen sowie die Priesterweihe als Zeichen der Möglichkeit, dass Gott einzelne Menschen auf einen besonderen Weg ruft, und die Zeichen sind in der Vermittlung zu einer ganz anderen Welt. Diese Vermittlung kann wiederum jeder Christ in seiner Weise leisten. Außerdem müsste klar gemacht werden, dass das Christentum eine Spiritualität des Alltags ist. Der Mensch kann Gott in seinem Alltag finden, geradezu zwischen den Kochtöpfen (Teresa von Avila). Viele Katholiken verlassen die katholische Kirche und schließen sich Freikirchen an, weil sie das genau dort lernen: Gott im Alltag zu finden. Dabei ist das bei Ignatius schon angedacht: Gott finden in allen Dingen.

4. SPIRITUALITÄT UND SPRACHE

Ein neuer Papst sollte versuchen, eine neue Sprache zu finden, eine Sprache des Alltags und nicht der Theologie oder der theologischen Formeln. So hilfreich dies auch ist und so wertvoll die große Theologie des jetzt zurückgetretenen Papstes ist – aber Jesus hat mehr in Bildern aus dem Alltag gesprochen: das Feld, der wachsende Baum, das Meer. Aus diesen Bildern kann der Mensch viel erkennen: zum Beispiel, dass das Göttliche unter anderem das „Von selbst" des Lebens ist. Der Baum wächst von selbst, das Herz schlägt von selbst, der Stoffwechsel geht von selbst. Oder die Dogmen könnten übersetzt werden in den Alltag: Das Dogma von der Trinität könnte zum Beispiel etwa so zugänglich gemacht werden: der Mensch kann Gott in der Natur erkennen als den Schöpfer, er kann den Sohn in einem zwischenmenschlichen Gespräch erkennen (wo zwei oder drei in meinem Namen versammelt sind, bin ich mitten unter ihnen) und den Heiligen Geist in seinem Inneren. Der Geist Gottes ist zwar nicht identisch mit dem Gewissen des Menschen, da das Gewissen immer auch überlagert ist von Über-Ich Strukturen. Aber es gibt doch im Menschen den Seelengrund, in dem der Mensch an Gott stößt und Gott in seinem Inneren finden kann. Auch die Zwei-Naturen-Lehre Jesu könnte so zugänglich gemacht werden: dass jeder Mensch eine göttliche und menschliche Natur hat, dass zwei Willen in ihm kämpfen (zwei Seele wohnen ach in meiner Brust, Goethe) und dass er diese Zerrissenheit letztlich nur überwinden kann, wenn er sich an denjenigen bindet, der diese Zerrissenheit in sich überwunden hat: Jesus Christus.

Es ginge also um eine Übersetzung des Christlichen vom Allgemeinen ins Konkrete, von einer theologischen Sprache in eine Alltagssprache und das Durchsichtigmachen der oft unverständlichen Dogmen für die konkrete Existenz des Menschen. Der Mensch – gerade der junge – möchte verstehen, was das Christentum ist, wozu es da ist und was es für das Leben bringt. Die Volkskirche, in der noch viele von „Haus aus" katholisch waren, nimmt immer mehr ab (viele sind gar keine Christen mehr). Heute geht es mehr um ein Entscheidungschristentum. Daher muss der Mensch von heute mehr wissen über das Christentum, um sich dafür entscheiden zu können. Auch dafür könnte sich ein neuer Papst einsetzen, dass er das Wesen des Christentums wieder mehr herausarbeitet, das Wesentliche vom Unwesentlichen trennt und das spirituell Zentrale zu unterscheiden hilft vom geschichtlich Überlagerten.

5. PRIESTERTUM UND LAIEN

Priester und Laien müssten je auf ihre Weise für das Verstehen und die Weitergabe des Glaubens ausgebildet werden. Die Weitergabe des Glaubens sollte nicht geschehen, weil die Welt evangelisiert werden soll (das erinnert an Okkupation, Zwangsevangelisierung oder Zwangstaufe), sondern weil der Christ überzeugt ist, dass das Christentum in seiner zentralen Botschaft das beste Angebot für den Menschen für ein gelingendes Leben ist. Die Priester sollten dabei mehr zu spirituellen Begleitern ausgebildet werden. Sie würde dann wieder mehr „Geistliche" werden und bekämen mehr Achtung, Respekt und „Autorität" im richtigen Sinn. Eine Autorität im Wissen um die Seele des Menschen, die eine innere Autorität ist, die dem anderen verhilft zu wachsen. Er wäre nicht so sehr eine äußere Autorität, die immer in der Gefahr steht, Macht auszuüben und zu unterdrücken.

Für diese geistliche Autorität müssten Priester besser ausgebildet werden und auch dafür sollte sich ein neuer Papst einsetzen. Sie sollten mehr Spiritualität kennen lernen und mehr eigene spirituelle Erfahrungen machen (z. B. in den großen Exerzitien von Ignatius von Loyola). Sie sollten aus der spirituellen Erfahrung heraus zunächst Philosophie studieren und dann erst Theologie. So könnten sie die Welt besser verstehen und die Theologie würde eine erfahrungsgeleitete Theologie und kein leeres Lehrbuchwissen. Also sollte sich ein neuer Papst für eine bessere spirituelle, psychologische, naturwissenschaftliche und humanwissenschaftliche Ausbildung der Priester einsetzen. Der Priester sollte gut und kompetent mit der Welt kommunizieren lernen, dann würde er auch als Autorität gehört werden.

Die Laien ihrerseits sollten in ihren Talenten gefördert werden. Sie können in der Gemeinde und in der Welt alle jene Bereiche einnehmen, die mit den Alltagsgeschäften, dem Management, aber auch der spirituellen Ausbildung der Gläubigen in einer Pfarrei zusammenhängen. Laien sollten gut in christlicher Spiritualität ausgebildet werden, denn sie sind es, die die Welt „regieren“: als Politiker, Wissenschaftler, Wirtschaftler, aber auch als Arbeitnehmer oder Künstler. Sie sollten zu guten Christen ausgebildet werden, damit sie ethisch kompetent und spirituell gebildet an ihrem Arbeitsplatz und in der Familie besser zurecht kommen und letztlich auch für das Gemeinwohl nutzbringender wirken können. Es geht also darum, Christen gut zu unterrichten, denn aus diesen lebendigen Steinen besteht die Kirche. Der Priester wiederum sollte freigeschaufelt von unnötigen Belastung und frei werden für seine eigentlichen Aufgaben: Es sind dies die geistlichen Belange wie Messefeiern, Predigen, Beichte Hören, geistliche Gespräche führen.

So wäre beiden gedient. Die Laien wären besser eingebunden in die Gesamtkirche und sie könnten ihre Talente besser entfalten, und der Priester wäre wieder ein wirklicher Geistlicher, der etwas zu sagen hat, der etwas versteht von der

Seele des Menschen (psychologisch und spirituell) in seiner Leibverfasstheit. Er würde wieder geachtet werden als Experte des Innenlebens des Menschen, als geistlicher Ratgeber bei oft immer schwieriger werdenden Entscheidungen. Ein neuer Papst sollte sich hier für eine mehrdimensionale Ausbildung der Priester einsetzen und die Laien in ihrer Entfaltung fördern, sowie dies möglich ist.

6. SPIRITUALITÄT UND WISSENSCHAFTEN

Ein weiterer wesentlicher Punkt ist das Verhältnis zur Welt, zur Philosophie und zu den Naturwissenschaften. Hier hat die Kirche den Dialog auf Augenhöhe oft verloren. Es muss ein wirklicher Dialog entstehen, wo jeder auf den andern hört und nicht eine Seite meint, die Wahrheit schon in den Händen zu haben. Gerade aus christlicher Sicht ist die Wahrheit lebendig, sie ist eine Person, und diese Person steht im Dialog mit anderen Personen. Das ist die Lehre von der Dreifaltigkeit, die auch für den Dialog mit den Wissenschaften von Bedeutung sein kann. So sollten auch die Wissenschaften methodisch klar auseinander gehalten werden (unvermischt) und doch gezeigt werden, dass sie zur Erkenntnis der Welt zusammengehören (ungetrennt).

Keine der beiden Seite darf von oben dekretieren, was zu denken ist oder welche Philosophie akzeptabel ist und welche nicht. Sondern es ist herauszuarbeiten, dass das Christentum eine Religion des Logos ist. Daher ist alles zu unterstützen, was auf der Basis der Logik nach der Wahrheit sucht. Denn die ganze Wahrheit kann der Mensch nicht wissen, er kann sich ihr nur annähern. Paulus hat es auf den Punkt gebracht: Unser Erkennen ist Stückwerk (1. Kor 13,9). Da die Wahrheit aus christlicher Sicht eine Person ist, muss ernst genommen werden, dass man sich der lebendigen Wahrheit nur annähern kann, sie aber nie ganz hat. Auch hier läge eine wichtige Vermittlungsaufgabe für einen neuen Papst.

Das Zweite Vatikanum hat sich der Welt gegenüber geöffnet. Das bedeutet auch, dass es sich der Welt der Naturwissenschaften und Humanwissenschaften zugewendet hat und ihnen eine Autonomie der wissenschaftlichen Methode zur Interpretation der Welt zugestanden hat. Das gilt es jetzt weiter umzusetzen. Das gilt auch für alle anderen Bereiche im Umgang mit der Wirtschaft, der Politik, der Kunst. Christliche Spiritualität sollte in einen guten Dialog mit all diesen Bereichen eintreten. Das gilt auch für den Dialog mit den Atheisten, den Andersgläubigen, den anderen Konfessionen und Religionen sowie den aus der Kirche Ausgetretenen. Alle Seiten können sich bei vorausgesetztem Wohlwollen gegenseitig befruchten.

7. SCHLUSS

Der vorangegange Text ist der Versuch, einige Felder aufzuzeigen, in denen ein neuer Papst den Dialog zwischen Kirche und Welt sowie christlicher Spiritualität und den Menschen vorwärtsbringen könnte. Viel ist schon geschehen auf diesem Weg, vieles bleibt aber noch zu tun. Vor allem sollte es um eine Neudarstellung des Zentrums des Christentums in einer für alle Menschen verständlichen Sprache gehen. Wenn dies ein Stück weit gelingt und die Menschen wieder verstünden, worum es im Christentum eigentlich geht, wäre schon viel gewonnen. So kann man nur wünschen, dass die Kardinäle sich von Gottes Geist leiten lassen und sich dem Willen Gottes öffnen. Sie sollten andere Motive zurückstellen und einen Papst wählen, der in diesem Sinne die Kirche im Dienst an den Menschen vorwärts bringt.

MICHAEL BÜNKER

Die Ökumene und der neue Papst

Michael BÜNKER, *geboren 1954,*
Dr. theol., Honorarprofessor der evangelisch-theologischen Fakultät der Universität Wien.
Seit 2007 Generalsekretär der Gemeinschaft Evangelischer Kirchen in Europa,
seit 2008 Bischof der Evangelischen Kirche A.B. in Österreich.

Der Rücktritt von Benedikt XVI. hat sich für manche neben seinen ausdrücklichen Äußerungen auch in gewissen Zeichen und Handlungen angekündigt. Etwa in seinen Besuchen am Grab von Cölestin V., der im Jahr 1294 ebenfalls zurückgetreten ist. In diesem Zusammenhang mag aber auch ein Blick auf den ersten deutschen Papst – Hadrian VI. (1522–1523) – interessant sein. Zwischen den beiden deutschen Päpsten der Kirchengeschichte gibt es erstaunliche Parallelen. Der ursprünglich aus den Niederlanden stammende Adrianus Florensz Boeyens, geboren 1459, war Theologieprofessor in Löwen und der Lehrer nicht nur von Erasmus, sondern auch des späteren Kaisers Karl V. Am 9. Januar 1522 – also für damalige Verhältnisse bereits in hohem Alter – wurde er als Nachfolger Leos X. zum Papst gewählt und gekrönt. Zu diesem Zeitpunkt war der Konflikt mit der Reformation Martin Luthers bereits eskaliert, nach der Bannandrohungsbulle und dem Reichstag von Worms war eine Verständigung schier unmöglich geworden, die Zeichen standen auf Konfrontation und die drohende, letztlich Realität gewordene Spaltung der westlichen Kirche.

Theologisch war Hadrian V. ein entschiedener Gegner Luthers, gleichzeitig sah er es als notwendig an, dass die Kirche auf die Herausforderung durch die Reformation mit einer tiefgreifenden Reform reagieren müsse. Dazu beauftragte er den päpstlichen Legaten Francesco Chierigati, auf dem (zweiten) Reichstag von Nürnberg 1523 ein „Schuldbekenntnis" abzulegen, in dem es heißt: „Wir wissen wohl, dass auch bei diesem Heiligen Stuhl schon seit manchem

Jahr viel Verabscheuungswürdiges vorgekommen ist: Missbräuche in geistlichen Sachen, Übertretungen der Gebote, ja, dass alles sich zum Ärgeren verkehrt hat ... Was uns anlangt, verspricht daher, dass wir alle Mühe aufwenden werden, dass zuerst die Kurie, von der alles Übel ausgegangen ist, reformiert wird." Für diesen Reformimpuls erntete Hadrian in Rom nur Spott und Hass, dies auch über seinen bald darauf eintretenden Tod im September 1523 hinaus. Was, wenn sein Pontifikat länger gedauert hätte? Wäre es noch zu einer Einigung gleichsam in letzter Minute gekommen? Darüber ließe sich trefflich, aber letztlich nutzlos spekulieren.

Die beiden deutschen Päpste haben einiges gemeinsam: Sie sind in bereits fortgeschrittenem, ja hohem Alter ins Amt gekommen, sie brachten dafür beide den Ruf mit, hervorragende Theologen zu sein, beide haben unmittelbare Erfahrungen und Einsichten mit dem Protestantismus und sie haben beide einen überraschenden, ungewöhnlichen und für das Verständnis des Papsttums folgenreichen Schritt gesetzt. Der frühere durch die kritische Selbstsicht und sein „Schuldbekenntnis", das etwa von Paul VI. oder Johannes Paul II. im Jahr 2000 mit den „Vergebungsbitten" aufgenommen wurde, und der zweite durch seinen überraschenden Rücktritt.

DIE REFORMATION UND DAS PAPSTAMT

Mit der Erinnerung an Hadrian VI. soll auch in aller Kürze die Stellung der Reformation und der evangelischen Kirche zum Papstamt wiederholt werden. Im Kern geht es darum, dass vom evangelischen Standpunkt aus das Papstamt weder in historischer Sicht noch in seiner heutigen Gestalt mit dem Neuen Testament vereinbar ist. Die besondere Hervorhebung des Petrus in den Evangelien einschließlich des klassischen Diktums in Matthäus 16,18 begründet keine Leitungsfunktion gegenüber den anderen Aposteln. Eine solche könnte man wenn überhaupt am ehesten für den Herrenbruder Jakobus und seine Stellung in Jerusalem vermuten. Ebenso lässt sich die Annahme, Petrus wäre der erste Bischof der Gemeinde in Rom gewesen, historisch nicht erhärten. Die römische Gemeinde war in der Frühzeit, wie der 1. Clemensbrief belegt, presbyterial verfasst und nicht episkopal. Jeder Apostel ist von Jesus mit Vollmacht ausgestattet, aber keiner kann diese allein ausüben und Petrus war nicht eine Art „Vorgesetzter" des Kollegiums. Der „Petrusdienst", wie er aus den Evangelien zu erheben ist, gilt also allen Aposteln.

Folgerichtig schreibt Johannes Calvin: „Wir glauben, dass alle wahren Pastoren, an welchem Ort sie auch sein mögen, dieselbe Macht haben unter dem einzigen allgemeinen Bischof Jesus Christus und dass darum keine Gemeinde irgendwelche Gewalt oder Herrschaft über eine andere beanspruchen darf." (Institutio IV,3,4). Das Zweite Helvetische Bekenntnis von 1563 formuliert, „dass Christus der Herr sei und der einzige allgemeine Hirte bleibe … Daher ist kein Statthalter nötig, der ja für einen Abwesenden eintritt. Christus aber ist in der Kirche gegenwärtig und ihr lebendigmachendes Haupt. Er hat seinen Aposteln und den

Nachfolgern der Apostel schärfstens Führergewalt und Herrschaft in der Kirche verboten."
Martin Luther bestritt in seiner Schrift „Von dem Papsttum zu Rom" (1520), dass das Papstamt nach göttlichem Recht eingesetzt sei, und meint, dass „die heilige christliche Kirche ohn solch Haupt wohl bleiben kann und wohl besser blieben wäre". Kirchenleitung geschieht nach Luther in Kollegialität der Bischöfe unter dem einzigen Haupt der Kirche, das ist allein Jesus Christus. „Darum kann die Kirche nimmermehr besser regiert und erhalten werden, denn dass wir alle unter einem Haupt, Christo, leben und die Bischöfe alle gleich nach dem Amt fleißig zusammenhalten in einträchtiger Lehre, Glauben, Sakramenten, Gebeten und Werken der Liebe." Kirchenleitung – so das Augsburger Bekenntnis von 1530 im Artikel 28 – geschieht nach evangelischem Verständnis *sine vi (humana), sed verbo (divino).* Ausgehend davon konnte sich zwar Philipp Melanchthon in seinem „Traktat von der Gewalt und Obrigkeit des Papstes" (1537) vorstellen, das Papstamt *iure humano* anzuerkennen, aber diese Position hat sich in den evangelischen Kirchen nicht durchgesetzt.

Die Entwicklung in der römisch-katholischen Kirche ist einen anderen Weg gegangen, der einen gewissen Höhepunkt und Abschluss durch das I. Vatikanische Konzil und seine dogmatische Konstitution „Pastor aeternus" gefunden hat. Auch das II. Vatikanum hat in der Frage des Papstamtes bloß bestätigt, was die Kirchenlehre bis dahin formuliert hat, und bezeichnet in der Kirchenkonstitution das Papstamt als „immerwährendes und sichtbares Prinzip und Fundament“ für die Einheit der Kirche (LG 23).

UNTERSCHIEDLICHES KIRCHENVERSTÄNDNIS

Karl Barth, der alters- und krankheitsbedingt nicht als Beobachter am Konzil teilnehmen konnte, erhielt im Rahmen einer privaten Reise 1966 Gelegenheit, mit dem Papst und einigen Kardinälen über die Ergebnisse des Konzils zu sprechen. Grundsätzlich wertete er das Konzil als eine „Konversion“ der römisch-katholischen Kirche, freilich „nicht zu einer anderen Kirche, sondern zu Jesus Christus, dem Herrn der einen katholischen und apostolischen Kirche“. Diese Christusorientierung und die konsequente Hinwendung zur Heiligen Schrift als Grundlage aller kirchlichen Lehre waren für ihn wie für die evangelischen Kirchen insgesamt und bis heute die Hoffnungszeichen des Konzils. Allerdings blieb er in seiner Gesamteinschätzung wie andere evangelische Konzilsbeobachter (Lukas Vischer, Edmund Schlink u. a.) realistisch: „Alle Optimismen im Blick auf die Zukunft verbieten sich von selbst.“

Ein Jahr später hat Paul VI. in einem Vortrag gemeint: „Der Papst, wir wissen es, ist zweifelsohne das größte Hindernis auf dem Weg der Ökumene.“ In der Tat: Wenn die Anerkennung der besonderen Lehr- und Jurisdiktionsgewalt des Papstes die notwendige Voraussetzung für die Zugehörigkeit zur einen, heiligen, katholischen und apostolischen Kirche gehört, steht dies in deutlichem Gegensatz zum reformatorischen Verständnis von Kirche und zum evangelischen Verständnis der Einheit der Kirche. Ulrich Körtner spricht zugespitzt von einem „diametralen" Gegensatz, und die Evangelische Kirche in Deutschland hat in ihrer Erklärung zur „Kirchengemeinschaft nach evangelischem Verständnis" von 2001 festgehalten, „dass die Notwendigkeit und Gestalt des ‚Petrusamtes' und damit des Primats des Papstes, das Verständnis der apostolischen Sukzession, die Nichtzulassung von Frauen zum ordinierten Amt und nicht zuletzt der Rang des Kirchenrechtes in der römisch-katholischen Kirche Sachverhalte sind, denen evangelischerseits widersprochen werden muss."

Johannes Paul II. hat in seiner Ökumene-Enzyklika „Ut unum sint" von 1995 seine besondere Verantwortung unterstrichen, „wenn ich die ökumenische Sehnsucht der meisten christlichen Gemeinschaften feststelle und die an mich gerichtete Bitte vernehme, eine Form der Primatsausübung zu finden, die zwar keineswegs auf das Wesentliche ihrer Sendung verzichtet, sich aber einer neuen Situation öffnet".

Wird sich der Gegensatz dadurch überwinden lassen, dass es bloß eine andere Form der Primatsausübung gibt (auch wenn das schon viel wäre)? Die isolierte Frage nach den Bedingungen einer Anerkennung des Papstamtes als Amt der Einheit durch die nicht römisch-katholischen Kirchen greift wohl zu kurz. Vorher braucht es eine Verständigung über das unterschiedliche Amts- und Kirchenverständnis, in der es darauf ankommen wird, dass keine Seite die andere davon überzeugen will, dass nur das je eigene Verständnis den Anspruch auf Wahrheit und Gültigkeit erheben kann. Walter Kaspers Formulierung von den „Kirchen anderen Typs" ließe sich für eine solche Verständigung zwischen evangelischer und römisch-katholischer Position fruchtbar machen. Der Respekt vor den unterschiedlichen Selbstverständnissen der Kirchen und ihre gegenseitige Anerkennung müssten erst den Boden bereiten, auf dem der Dialog über das Papstamt geführt werden könnte.

PAPSTAMT IN ZEITEN DER GLOBALISIERUNG

Eine Frage, die in erster Linie die römisch-katholische Kirche, dann auch die Öffentlichkeit und schließlich die Ökumene beschäftigt, ist: Woher wird der künftige Papst kommen? Ohne sich in diese innere Angelegenheit der römisch-katholischen Kirche einmischen zu wollen, sei eine Beobachtung erlaubt: Die weltweite Entwicklung des Christentums und der christlichen Kirchen hat sich im evangelischen Bereich schon seit langem auch dadurch ausgedrückt, dass die Repräsentanten der konfessionellen Weltbünde fast ausschließlich aus den Ländern des Südens kommen. Wer die derzeitigen Präsidenten und Generalsekretäre des Lutherischen Weltbundes (LWB), der Weltgemeinschaft Reformierter Kirchen (WCRC) und des Weltrates methodistischer Kirchen (WMC) durchgeht, wird sehen, dass – bis auf Bischof Mark Hanson, den Präsidenten des LWB – alle aus Asien, Afrika oder Lateinamerika stammen.

Es wäre also nicht nur wenig überraschend, sondern durchaus naheliegend, dass auch der höchste Repräsentant der römisch-katholischen Kirche, die sich ja als Weltkirche versteht und mit allen offenkundigen Schwierigkeiten als solche hierarchisch und zentralistisch organisiert ist, nicht aus Europa kommt. Freilich: Ein Papst aus Afrika oder Lateinamerika wäre mit der spezifisch europäischen Situation nicht so vertraut wie es Johannes Paul II. oder Benedikt XVI. gewesen sind. Das mag ein Nachteil sein, weil es – wie der Ratsvorsitzende der EKD Nikolaus Schneider formulierte (dpa vom 13. 2. 2013) – erst darauf ankäme, ihm die besondere Situation vor allem in Deutschland mit dem bevorstehenden Reformationsjubiläum im Jahr 2017 zu erklären. Gleichzeitig kann dies auch neue Möglichkeiten eröffnen: Die europäischen römisch-katholischen Bischofskonferenzen wären deutlicher gefordert, ihre Handlungsspielräume, die sie auf nationaler Ebene schon jetzt haben, zu nutzen. Aus evangelischer Sicht betrifft dies in erster Linie die Frage der Zulassung von Nichtkatholikinnen und Nichtkatholiken zur Eucharistiefeier in der römisch-katholischen Kirche.

ZUKUNFT NACH DEM „ENGPASS DES GEWORDENEN“?

Zum Schluss noch eine konkrete Erwartung an den kommenden Papst: De facto erleben es die Kirchen heute, dass der Papst in der globalisierten Mediengesellschaft als der Sprecher der Christenheit wahrgenommen wird. Dies kommt dem Selbstverständnis des Papstamtes entgegen, versteht er sich doch – wie das I. Vatikanum formuliert – als „Hirt und Lehrer aller Christen“. Auf diesem Hintergrund ist es verständlich, wenn auch von evangelischer Seite betont wird, dass es zwar keine Gemeinschaft „unter“ dem Papst, wohl aber faktisch eine „mit“ dem Papst gibt. Es wäre nun ein gewiss Mut machendes ökumenisches Signal, wenn der künftige Papst deutlich machen könnte, dass er auch die Positionen anderer Kirchen in seinen Äußerungen berücksichtigt hat und aufnimmt, wobei freilich die Unterschiede deutlich bleiben müssten. Wenn so die Anliegen aller Kirchen, die in der ökumenischen Bewegung miteinander verbunden sind, aufgenommen würden, wäre das ein sichtbarer Ausdruck des Dialogs über die Inhalte der Verkündigung. Das wäre ein wichtiger Schritt aus dem „Engpass des Gewordenen“ (Joseph Ratzinger) zu größerer Gemeinsamkeit.

P. EBERHARD V. GEMMINGEN SJ

Neuer Papst – neue Chancen

P. Eberhard v. GEMMINGEN SJ, *geboren 1936 in Bad Rappenau, Baden-Württemberg, 1957 Eintritt in den Jesuitenorden, Studium der Philosophie in Pullach und der Theologie in München, Innsbruck und Tübingen; 1968 Priesterweihe durch Kardinal Döpfner in München. 1980 „Beauftragter der katholischen Kirche" beim ZDF, von 1982 bis 2009 Leiter der deutschsprachigen Redaktion von Radio Vatikan, seit 2010 Fundraiser der deutschen Jesuiten in München. Zahlreiche Vorträge über Papst und Vatikan.*

Die katholische Kirche und an ihrer Spitze der Papst müssen sich mit den Herausforderungen der Moderne auseinandersetzen und überzeugende Antworten finden. Wenn man den Eindruck hat, Rom kenne die kritischen Anfragen aus den stark säkularisierten Ländern nicht, setze sich nicht mit ihnen auseinander und finde keine glaubwürdigen, vernünftigen Antworten, dann werden sich unabhängige Denker mehr und mehr von der katholischen Kirche abwenden. Die kritischen Anfragen betreffen die Rolle der Frau in der Kirche, die Einheit der verschiedenen kirchlichen Gemeinschaften, das Christentum und die anderen Religionen, veränderte moderne Lebensformen, Fragen der Sexualmoral und die kirchlich-religiöse Sprache.

Um diese Fragen überzeugend zu bearbeiten, braucht es auch eine Reform der Strukturen von Vatikan und Weltkirche. Wichtig sind primär die Sachfragen, sekundär die Struktur, aber um die Sachfragen zu bearbeiten, ist wenigstens gleichzeitig die Struktur zu reformieren. Hier folgen einige Vorschläge dazu.

Viele Fragen, die heute in vatikanischen Kongregationen und Räten diskutiert und vielleicht entschieden werden, müssten dezentralisiert werden: Fragen der Liturgie, der Sakramentenspendung, der Seelsorge, der Personalentscheidungen, des Rechtes. Selbstverständlich müssen theologische Grundlagen von Lehre und Ethik nicht auf die untere Ebenen verlagert werden. Auch müssen Katholiken auf Reisen rund um den Globus die Messe in katholischen

Kirchen als ihre katholische Eucharistiefeier wieder erkennen. Aber heute laufen zu viele Entscheidungen über römische Schreibtische. Das wurde durch die modernen Kommunikationsmittel möglich. Dahinter stand auch die Angst, die katholische Kirche könne auseinanderbrechen. Und Behörden haben die natürliche Neigung, möglichst viele Entscheidungen an sich zu ziehen.

So wäre es Aufgabe von Fachtheologen und Bischöfen, Modelle vorzuschlagen, wie auf kontinentaler oder nationaler Ebene Fragen der Liturgie, der Sakramente, der Seelsorge geregelt werden sollten. Der Vatikan kann immer noch die Möglichkeit haben, korrigierend einzugreifen, aber die Entscheidungen sollten vorher auf unterer Ebene getroffen werden.

Der bisherige Zentralismus muss keineswegs aus Machtgier stammen. Denn einerseits waren viele Ortskirchen in Afrika und Asien sehr jung und brauchten Hilfe, andererseits zwangen oft kirchenfeindliche politische Kräfte die katholischen Bischöfe, sich enger um den Papst zu schließen und so den vatikanischen Apparat zu verstärken. Ebenso wuchs im Vatikan der Wunsch, Bischöfe zu ernennen, die sich vorab als besonders papsttreu gezeigt hatten.

Schon das Zweite Vatikanische Konzil hatte vor 50 Jahren von mehr Kollegialität gesprochen, das heißt von größerer Absprache und Zusammenarbeit zwischen Rom und den Ortskirchen.

Um zu dieser Dezentralisierung und Kollegialität zu kommen, müsste kein Konzil einberufen werden, vielmehr sollte der Papst eine Bischofssynode einberufen. Sie müsste vor allem durch Theologen und Kirchenjuristen langfristig gut vorbereitet sein. Die zu behandelnden Fragen sollten vorab in den Ortskirchen bekannt sein und diskutiert werden. Es wäre nötig, dass gründliche und konkrete Vorstudien in vielen Teilen der Welt gemacht werden, damit die Diskussion nicht erst auf der Synode beginnt. Es wäre schön, wenn die Zusammensetzung der Bischofssynode die zahlenmäßige Größe der Ortskirchen widerspiegelt. Es ist nicht sehr sinnvoll, dass der Vertreter etwa von Luxemburg ebenso viel Gewicht hat wie der von Brasilien oder von den Philippinen. Bei der Synode haben die Vertreter der Ortskirchen in der Beratung Stimmrecht, die Bischöfe und Kardinäle aus dem Vatikan sind vor allem Hörende, denn insgesamt ist die Kurie ein Dienstleistungsorgan – wie schon Papst Benedikt wünschte.

Es könnte sein, dass die Bischofssynode – ähnlich dem Zweiten Vatikanum – mehrere Sessionen benötigt, um zu umsetzbaren Ergebnissen zu kommen. Erst wenn diese Ergebnisse von den Bischöfen abgestimmt und vom Papst angenommen sind, sollte eine Strukturreform des Vatikans aufgenommen werden. Es ginge dabei vor allem um die Einführung eines Kabinetts. Der Papst müsste sich regelmäßig – wenigstens monatlich – mit den Chefs der Kongregationen und Räte besprechen. Dadurch sollten die Verantwortlichen die gleiche Information erhalten und die Arbeit besser koordiniert werden. Die Kompetenzen vor allem der Kongregationen würden dem entsprechen, was bei der vorausgehenden Dezentralisierung beschlossen worden ist. Wichtig wäre vor allem, dass die Bischofsernennungen eher den Maßstäben der alten Kirche entsprechen. Damals galt, dass nur eine Person Bischof werden soll, für die auch die Ortskirche votieren würde. Die Suche nach geeigneten Kandidaten kann weiterhin durch die päpstlichen Nuntien vor Ort geschehen. Die Ortskirche aber sollte frühzeitig informiert werden, um mit entscheiden zu können. Soweit möglich sollten die Bischöfe aus der eigenen Diözese kommen. Wichtig ist Transparenz.

Eine wichtige Frage ist die nach dem Personal im Vatikan, an der päpstlichen Kurie. Es ist sicher nicht leicht, dort einen Personalstab zu bilden, der geeignet ist, den Papst bei der Gesamtleitung der Kirche zu unterstützen. Hier nur einige Gedanken und Vorschläge: Die verschiedenen Ämter sollten möglichst international besetzt sein, die Zahl der Italiener sollte reduziert werden. Die Bischöfe rund um den Globus müssen bereit sein, gerade auch qualifizierte Personen nach Rom zu schicken.

Freilich ist es gerade für Menschen von anderen Kontinenten nicht einfach, sehr fern von ihrer Heimat zu leben. Das muss man berücksichtigen. Die allermeisten Personen im Staatssekretariat, in Kongregationen und Räten werden vermutlich weiterhin Priester sein, auch wenn rein theoretisch Nichtgeweihte viele Aufgaben übernehmen könnten. Aber Zölibatäre sind leichter zu versetzen, und in den meisten Ländern gibt es nicht viele in Kirchenfragen ausgebildete Laien. Vermutlich ist es daher für den Vatikan ebenso wie für die Ortsbischöfe besser, wenn junge Priester mit etwa 35 Jahren auf etwa zehn Jahre nach Rom in Dienst gehen und dann in die Heimatdiözese zurückkehren. Sie sind dann für den heimatlichen Einsatz vermutlich höher qualifiziert und bleiben nicht bis zur Pensionierung „in Rom hängen". Die Bischofskonferenzen sollten frühzeitig den Bedarf des Vatikans kennen und wissen, welche Personalwünsche auf das Land zukommen. So können sie sich langfristig darauf einstellen und müssen nicht hastig Kandidaten für den Vatikan suchen. Es besteht die große Gefahr, dass Ortsbischöfe gerade qualifizierte Personen nicht nach Rom gehen lassen, sondern eher Persönlichkeiten, mit denen sie sich schwer tun oder die weniger qualifiziert sind. Dieser Gefahr muss bewusst gegengesteuert werden.

Die Verantwortlichen von Kongregationen und Räten sollten spätestens mit 70 Jahren ihren Rücktritt anbieten und er müsste in der Regel angenommen werden. Zu viel Wechsel ist nicht gut, aber zu wenig ebenso. Die Regel, dass eine Beauftragung für ein Amt immer nur für fünf Jahre gilt, sollte beibehalten werden. Nur in seltenen Fällen sollte aber eine Beauftragung nach nur fünf Jahren beendet werden. Die Dauer von zehn Jahren in einem Amt ist gut.

Der frühere Kardinal Ratzinger hatte kritisiert, dass Verantwortliche von Kongregationen, Räten und vieler anderer Ämter im Vatikan zu Bischöfen geweiht werden. So stellt sich auch jetzt die Frage, ob es wirklich nötig ist, dass die Inhaber höherer Ämter die Bischofsweihe haben, um mit den Ortsbischöfen „auf Augenhöhe" zu sein.

Schließlich kann man anlässlich eines neuen Pontifikates auch die Frage stellen, wie ein Nachfolger des Apostels Petrus im 21. Jahrhundert sein Amt wahrnehmen muss, was seine entscheidenden Funktionen sind. Papst Johannes Paul II. wollte nicht nur Petrusnachfolger sein, sondern ausdrücklich auch auf den Spuren des Apostels Paulus Christus verkündigen – und dies in aller Welt. Er hatte ein ungewöhnliches Charisma, die Menschen anzusprechen und Zeuge der frohen Botschaft zu sein. Dazu kam der geschichtliche Moment: Er trug wesentlich dazu bei, den atheistischen Kommunismus zu stürzen, und erhielt dadurch schon zu Lebzeiten historischen Rang. Es kam dazu, dass er eine außerordentliche Begabung für öffentliches Auftreten hatte. Er war ein „Mann zum Sehen". Vorausgegangen war ihm auf wesentlich bescheidenerer Ebene Papst Paul VI. Aber Papstreisen und damit weltweite sichtbare Bedeutung der Petrusnachfolger sind etwas völlig Neues. Das muss nicht immer so bleiben. Die Bischöfe von Rom haben die Berufung, die Einheit der katholischen Weltkirche und die Identität der Lehre zu sichern.

Durch viele Jahrhunderte zählte für die Katholiken das Amt des Papstes, wie der Amtsinhaber hieß, war zweitrangig, ob er sein Amt gewissenhaft oder gar nicht wahrnahm, war für die Gläubigen sekundär. Seit rund 200 Jahren ist das Amt als solches in den Hintergrund getreten, der Inhaber des Amtes ist wichtiger geworden als das Amt als solches. Man sollte wenigstens auf diesen Perspektivenwechsel aufmerksam achten, um die entsprechenden Gefahren leichter vermeiden zu können.

Daher wäre es gut, wenn die Verantwortlichen im Vatikan und der Papst auch neu und gründlich überlegten, wie Öffentlichkeitsarbeit gemacht wird. Die Bedeutung des Amtes hängt zwar nicht vom Image ab, das die Gläubigen von ihm haben. Aber wenn die Katholiken in aller Welt ein falsches Bild von Bischof von Rom haben, dann schadet das dem kirchlichen Leben. Es geht bei der Öffentlichkeitsarbeit nicht primär um das Image, aber vernachlässigen darf die Kirche es nicht, denn die Tendenz schreitet weltweit voran, dass gläubige Katholiken sich selbständig und durch nichtkirchliche Medien ihr Urteil bilden.

Der Vatikan muss verhindern, dass Gläubige den Eindruck haben, die Kirchenleitung wisse nicht, mit welchen Fragen sie sich auseinandersetzen, wie weit manchmal ihre Lebenswirklichkeit von kirchlichen Vorstellungen ist. Für den Vatikan wird dies dadurch erschwert, dass er im romanischen Mentalitätsraum ist. Allein in Europa gibt es ganz andere Mentalitäten, ebenso weltweit. Nur wenn der Vatikan versucht, wirklich aufmerksam zu sein auf das Fühlen und Denken der Gläubigen rund um den Globus, kann der Papst seine Funktion als Garant der Einheit wahrnehmen. Aber auch wenn der Apparat stimmt, wird es nicht einfacher Papst zu sein!

THERESIA HEIMERL

Unternehmen mit Tradition und Expansionsabsichten sucht …

Theresia HEIMERL, *Dr. phil. et theol., geboren 1971 in Linz, Studien der Deutschen und Klassischen Philologie sowie der Katholischen Theologie in Graz und Würzburg; 2003 Habilitation im Fach Religionswissenschaft, seitdem ao. Professorin für Religionswissenschaft an der Katholisch-Theologischen Fakultät Graz; seit 2007 Studiendekanin der Katholisch-Theologischen Fakultät.*

Wir sind ein weltweit operierendes Unternehmen mit Zentrale in Rom. Tradition ist uns sehr wichtig, eine Ihrer zentralen Aufgaben wird es sein, die Balance zwischen unseren Wachstumsmärkten in Afrika und Asien und unseren alten Vertriebsgebieten in Europa und Amerika zu optimieren. Wir erwarten von Ihnen für die ausgeschriebene Top-Position langjährige Erfahrung möglichst in verschiedenen Zweigen des Unternehmens, absolute Loyalität und Verbundenheit zur Tradition, Flexibilität und hohe Belastbarkeit auch in Krisensituationen. Führungsqualitäten sowie kommunikative Kompetenzen und die Fähigkeiten zum Networking sind Voraussetzung. Italienisch, Englisch und Latein in Wort und Schrift sind selbstverständlich.

So ungefähr würde wohl eine Ausschreibung des höchsten Amtes der katholischen Kirche im Anzeigenteil aussehen. Der Stuhl Petri kann zwar vorübergehend vakant sein, ausgeschrieben wird seine Neubesetzung dennoch nicht. Was einerseits, so man diverse Ausschreibungs- und Berufungsverfahren kennt, kein Schaden sein muss, andererseits zumindest ein interessantes Gedankenspiel eröffnet. Was muss jemand, der im Jahr 2013 Papst wird, können? Was ist das für ein „Job“, zu dem man von den Kardinälen gewählt und vom Heiligen Geist berufen wird?

Die folgenden Überlegungen sind zunächst einmal der Versuch einer bewusst nüchternen Darstellung der Situation und der sich aus ihr ergebenden Anforderungen, ganz im Sinne des einleitend entworfenen Vergleiches der katholischen Kirche mit einem internationalen Konzern. Erst in einem zweiten Teil möchte ich persönlichere Erwartungen als Studiendekanin und Professorin einer Katholisch-Theologischen Fakultät sowie als Frau und Christin formulieren.

ANFORDERUNGSPROFIL EINES PAPSTES AM BEGINN DES 3. JAHRTAUSENDS NACH CHRISTUS

In Diskussionen über das Papsttum wird gerne dessen große Wandelbarkeit betont und auf so gar nicht miteinander vergleichbare Gestalten wie Petrus, Gregor den Großen, Alexander VI. (Borgia), Pius X., Johannes XXIII. und andere verwiesen. In der Tat waren die historischen Umstände und persönlichen Lebensführungen der genannten und vieler weiterer Päpste sehr verschieden. Dennoch lassen sich, beginnend mit Petrus selbst, einige zentrale Kompetenzen herauslesen, ohne die man es nicht auf den Stuhl Petri schafft oder dort zumindest einige Jahre aushält.

INTERNATIONALITÄT

Die erste dieser Kompetenzen war von Anfang an die Bereitschaft zur Internationalität. Wer nicht gerne über den Rand des eigenen Fischerbootes hinausschaut und Angst hat, mit fremden Mentalitäten und Nationen in Kontakt zu kommen, war und ist in einem expandierenden Unternehmen, wie es die Kirche seit der Sendung der Jünger ist, unbrauchbar. Dies galt und gilt für alternative Denk- und

Lebensformen im eigenen Herkunftsland (oder Kontinent) ebenso wie für den Rest der Welt. Und es ist nicht unbedingt eine Erscheinung der Postmoderne, dass Letzteres dem Leiter der katholischen Kirche mitunter leichter fällt als der Umgang mit der Kritik aus den eigenen Reihen. Die „Heiden" konnte man missionieren, die Spiritualen und Befreiungstheologen, Montanisten und Feministinnen und wie sie alle hießen und heißen sind meist die größere Herausforderung. Sie sind im Betrieb schon so lange drinnen, dass sie dessen Defizite sehen, dass sie auch Entwicklungen als Sackgassen erkennen oder aber mit innovativem Elan aus dem mittleren Management aufsteigen möchten. Papst zu sein hieß immer auch, zwischen den Nationen, Gruppen und Ideen zu vermitteln, die Verbindung aller Standorte zur Zentrale aufrecht zu erhalten, ohne das *Corporate Design* bis zum letzten Bleistift bestimmen zu müssen. Ob der Zölibat nun ein solcher Bleistift ist, ohne den auch bisher Standorte im Osten (Unierte) und im Nordwesten (übergetretene Anglikaner) ausgekommen sind, oder ob seine Aufhebung ein grundlegend neues *Corporate Design* erfordert, wird sich der neue Papst fragen (lassen) müssen. Für den neuen Papst gilt in mehrfacher Hinsicht: *Think global, act local.* Die Firmenzentrale der Kurie in Rom nicht zu kennen wäre genauso fatal wie aus ihr nie herausgekommen zu sein.

TRADITION UND INNOVATION

„Wie damals" ist eine in profanen Werbespots gern gebrauchte Wendung, die uns die langjährige Qualität eines

Produkts suggerieren, aber auch an unsere Kindheitserinnerungen anknüpfen oder generell Beständigkeit in einer unsteten Welt versprechen soll. Die hierzu gezeigten Bildsequenzen beinhalten in der Regel Kinder oder alte Leute in traditioneller Kleidung und ländlicher Idylle.

Der neue Papst allerdings soll weder Schokolade noch Käse oder alkoholfreie Getränke verkaufen, sondern eine zweitausendjährige Tradition für die Welt von heute verstehbar und fruchtbar machen.

Unverkennbar sind in den letzten Jahren die „Wie damals"-Tendenzen mit dazugehörigem Bildideal in der Kirche Europas stärker geworden. Die Gründe sind wohl ähnliche: Von immer komplexerer Berufs-, Technik- und Lebenswelt überfordert, sehnen sich gar nicht wenige nach überschaubarer Idylle, in der jeder seinen festen Platz hat. Kein Konzern könnte es sich leisten, diese Konsumenten vor den Kopf zu stoßen. Sich allerdings bloß auf dieses Marktsegment zu beschränken, widerspräche nicht nur dem Anspruch der Expansion, sondern auch dem Namen: Wenn katholisch weiterhin „allumfassend" bedeuten will, muss der neue Chef eine Sichtung und klare Strukturierung des Portfolios in die Wege leiten.

Der Papst steht vor der Herausforderung, unter Beibehaltung des Markennamens sanfte Veränderungen des Inhaltes vorzunehmen, die den Geschmack des „Wie damals" noch klar erkennbar in sich tragen, aber dennoch den Anforderungen der modernen Anthropologie entgegenkommen –

die Schokolade von damals hat ja heute auch weniger Zucker und mehr Fair-Trade-Kakao. Heißt konkret: Eine sanfte Annäherung an das geänderte Menschenbild der Moderne und Postmoderne, beginnend mit den medizinischen Voraussetzungen und den Geschlechterrollenbildern wird dem Papst nicht erspart bleiben, will er mehr Menschen ansprechen als Kinder und Alte, die sich kurz für einen Werbespot in Tracht stecken lassen. Gleichzeitig muss er aber um die Macht dieser Bilder wissen und die Sehnsucht nach einem imaginären „Damals“ (christlich auch als Paradies bekannt) ernst nehmen und ihr Nahrung aus der Tradition geben, nicht bloß Tradition als abgekauten Snack.

LOYALITÄT UND/ALS KRISENMANAGEMENT

Niemand wird mit einer Führungsposition betraut, der nicht loyal zum eigenen Unternehmen steht. Die Identifikation mit den internen Werten und Positionen ist auch zweifelsohne psychologische Voraussetzung, um ein solches Amt halbwegs unbeschadet zu überstehen. Loyalität heißt aber nicht, im Blick nach innen das Hirn auszuschalten, oder gar erkennbare Fehler als böse Feindpropaganda abzutun. Derartige verblendete Nibelungentreue ist Kennzeichen totalitärer Regime und einer Institution wie der katholischen Kirche unwürdig. Ein so riesiges Unternehmen kann nur funktionieren und prosperieren, wenn es seinen Mitarbeitern ebenso klare wie lebbare Richtlinien gibt und sie zur Partizipation ermuntert. Der neue Papst wird ebenso wenig wie seine Vorgänger jeden Unzufriedenen, Reformer oder selbsternannten Propheten zur *disputatio* einladen können. Die spirituelle Begabung eines Franziskus zu erkennen und den Eifer eines Martin Luther zu integrieren – wie immer diese beiden und viele andere in Zukunft heißen mögen – wird eine der schwierigsten Aufgaben des neuen Papstes sein. Loyalität zur Institution zeigt sich tatsächlich an und in Krisen. Sie beginnt damit, dass bekannte Probleme angegangen und gelöst werden, bevor sie zur Krise eskalieren. Das kann und wird für jeden neuen Papst auch heißen, manche ehemalige Weggefährten und eingesessene Amtsträger zum Handeln zu mahnen, ja notfalls zu zwingen, bevor es die Medien tun. Wer immer Papst wird, er braucht das Charisma der Gelassenheit, nicht zu verwechseln mit der Resignation oder dem Phlegmatismus. Die Gelassenheit, nicht jedes Vatileak als Angriff auf den Stuhl Petri zu sehen, aber auch, die eigenen Fehler und die der Kirche in Demut einzubekennen und schließlich die Gelassenheit im Umgang mit den je nach Temperament und Sozialisation sehr unterschiedlichen Reaktionen seiner Bischöfe auf das päpstliche Krisenmanagement.

KOMMUNIKATIVE KOMPETENZ

Es ist nicht überliefert, ob ein Papst je die Gabe des Zungenredens hatte. Im übertragenen Sinn wäre sie einem neuen Papst sicher zu wünschen: Nicht so sehr die unterschiedlichsten Sprachen der Erde zu sprechen, obwohl es das „Urbi et orbi" erleichterte. Nein, vielmehr geht es um die verschiedenen Zungen, in denen die Menschen heute sprechen und einander, wiewohl dieselbe Grammatik verwendend, nicht verstehen. Die Sprache der Kirche ist gerade in den brennenden Fragen der Anthropologie, aber auch in der Rede von Gott, so weit weg von der Lebens- und Sprachrealität der Menschen, dass sie zwar von jungen TheologInnen als Fremdsprache idiomatisch erlernt, aber nie aktiv beherrscht werden kann, geschweige denn sich in ihrer vollen Bedeutung erschließen würde. Sprache konstruiert Welt und Wirklichkeit, nicht umsonst hat der soeben zurückgetretene Papst zeit seines Amtes dafür plädiert, die großen Theologen im lateinischen Original zu lesen und so ihre Welt und ihr Denken zu verstehen. Kein Bischof, kein Priester gibt mehr Interviews in Latein, nicht einmal der Papst bediente sich ständig dieser Sprache, und dennoch brauchen viele von ihnen einen Übersetzer, einen *interpres,* der erklärt, was sie eigentlich meinen. Dem neuen Papst wäre zu wünschen, dass er viele Sprachen spricht: die des Evangeliums, jene der Tradition, die der Kurie, jene der Bischöfe und Priester in den unterschiedlichen Diözesen und vor allem auch die Sprachen der Menschen dort: der Frommen, der Suchenden, der Ungläubigen, der Jungen, der Alten, der Männer, der Frauen und der Kinder. Allein sie nicht nur zu hören, sondern auch zu verstehen, was sie sagen, und ihnen Rede und Antwort stehen zu können, wäre wahrhaft eine Gabe des Heiligen Geistes und jene kommunikative Kompetenz, die der Nachfolger Petri brauchen wird am Weg von Babel nach Jerusalem.

MEINE ERWARTUNGEN ALS …
… STUDIENDEKANIN AN EINER STAATLICHEN KATHOLISCH-THEOLOGISCHEN FAKULTÄT

Vor und zu Semesterbeginn finden sich in der Regel nicht wenige Studierende in meinen Sprechstunden mit der Frage ein, ob und wofür ich ein Theologiestudium empfehlen könne. Von einem neuen Papst erhoffe ich mir, ihnen mit gutem Gewissen antworten zu können, dass ein solches Studium den Horizont erweitert, nicht verengt. Dass katholische Theologie mehr ist als das Wiederkäuen von ängstlichen Abgrenzungen aus dem 19. Jahrhundert, sondern vielfältige Geschmacksrichtungen hat, die man mutig probieren soll, um das Gemeinsame, Allumfassende darin zu erkennen. Ich möchte den jungen Frauen und Männern sagen können, dass sie mit einem Theologiestudium später in einer Kirche arbeiten werden, die den Menschen in seinen Sehnsüchten und seiner Fehlbarkeit ernst nimmt und ihn nicht zu einem unheiligen Scheinleben zwingt. Und ja, ich möchte ihnen zu einem Theologiestudium raten können, das sie nicht trotz, sondern auch wegen der Einzigartigkeit der katholischen Tradition, Papsttum ausdrücklich inklusive, betreiben.

… ALS PROFESSORIN AN EINER KATHOLISCH-THEOLOGISCHEN FAKULTÄT

Professoren der Theologie waren und sind ein unbequemes Völkchen für einen Papst. Im Sinne des oben ausgeführten Anforderungsprofils wünsche ich mir einen Papst, der um diese Tradition der Unbequemlichkeit und ihrer Umwegrentabilität für die Kirche weiß, der die Gelassenheit hat, uns reden und streiten zu lassen, und der das Nachdenken über Gott und die Welt, wie es TheologInnen so gerne betreiben, schätzt. Ich hoffe, dass ein neuer Papst die Theologie und die theologischen Fakultäten nicht als Bollwerke gegen die Welt, sondern als gastliche Inseln in ihr versteht und uns in diesem Sinne beauftragt zu lehren und zu forschen.

… ALS FRAU UND CHRISTIN

Die Gretchenfrage also ganz zum Schluss: Ja, der Papst wird nicht umhinkommen, sich auch zu Männern, Frauen und ihren Rollen in Kirche und Welt zu äußern. Leicht wird das angesichts der Tradition nicht. Oder vielleicht doch: Ein genauer Blick in die Tradition, begabt mit der Fähigkeit, die Texte in ihrer je eigenen Sprache zu lesen, eröffnet nämlich interessante und vielfältige Perspektiven, die so manches scheinbar unverrückbare Monument christlichen Menschenbildes in Sachen Mann und Frau als Produkt des 19. Jahrhunderts oder gar der Moderne erweisen. Ein Papst, der möglichst viele im katholischen Glauben vereinen und seiner Institution und seinen Vorgängern gegenüber loyal sein will, wird sein Pontifikat weder mit der Zulassung von Frauen zum Weiheamt beginnen noch mit dem Aufruf zum „Tut, was euch gefällt!“ in Sachen Sex.
Da ich aber trotz allem daran glaube, dass der Heilige Geist den Papst zu mehr macht als zum bloßen Konzernchef, halte ich Überraschungen nicht für ausgeschlossen.

WALTER HOMOLKA

In den Schuhen des Fischers

Rabbiner Prof. Dr. Dr. h. c. Walter HOMOLKA *ist Rektor des Abraham Geiger Kollegs an der Universität Potsdam. Der frühere Landesrabbiner von Niedersachsen ist Leiter des Ernst Ludwig Ehrlich Studienwerks, Chairman der Leo Baeck Foundation und Vice President der European Union for Progressive Judaism. Mitglied im Beirat des Koordinierungsausschusses für christlich-jüdische Zusammenarbeit Österreich sowie im Gesprächskreis Juden und Christen beim Zentralkomitee der deutschen Katholiken.*

Seit Tagen denke ich darüber nach, welche Erwartungen und Anforderungen ich an den neuen Inhaber des Petrusamtes haben werde. Es will mir nichts einfallen. Vielleicht, weil schon zu viele Erwartungen enttäuscht wurden. Man sieht die scheinbare Allmacht des Papstamtes in der katholischen Kirche und den Vorbildcharakter für einen beträchtlichen Teil der Menschheit. Das verstellt leicht den Blick auf das Machbare dieses Amtes. „In den Schuhen des Fischers", einem Kinofilm von 1968, überzeugte 1968 Anthony Quinn als Kiril Lakota, Erzbischof von Lemberg, der aus langjähriger Lagerhaft hinter dem Eisernen Vorhang nach Rom kommt und zum Kurienkardinal erhoben wird. Nach dem plötzlichen Tod des Papstes einigt sich das Konklave auf Kiril und der Zuschauer erlebt hautnah mit, welchen Spannungen dieses Amt ausgesetzt ist. Die umstrittenen Bemühungen Pierre Teilhard de Chardins zur Aussöhnung von Wissenschaft und Religion werden in der Figur des Pater Telemond greifbar, der Sekretär Kirils wird und dem der Papst doch schließlich die Veröffentlichung seiner Werke verbieten muss. Für einen Juden ist die Szene besonders bewegend, in der Kiril den Vatikan incognito als einfacher Priester verlässt, um in die Nacht der italienischen Hauptstadt einzutauchen und Abstand zu gewinnen vom Leben im Vatikan. Eine Ärztin bittet ihn auf dem Weg zu einem Notfall, für sie ein Rezept in der nächsten Apotheke einzulösen. Und am Bett ihres vom Tode gezeichneten jüdischen Patienten spricht Kiril auf Hebräisch das jüdische Glaubensbekenntnis „Sch'ma Israel". Einen Augenblick lang wird greifbar, wie nah und eng verbunden Juden und Christen sind und wie einfach es sein müsste, gemeinsam auf den zu schauen, der unser Ursprung ist. Doch der Film schlägt eine Brücke zur Wirklichkeit: Wo er Menschlichkeit zeigt, steht sogleich der Kontrast der Unveränderlichkeit eines Apparats Weltkirche, dem auch ein Papst offensichtlich wenig entgegensetzen kann.

In Zusammenhang mit dem Rücktritt von Benedikt XVI. ist die Spekulation nie weit, er sei gerade an diesem System Vatikan gescheitert und müsse nun einem kräftigeren Nachfolger das Ruder in die Hand geben. Besonders grotesk war die Überschrift in der Online-Version des deutschen Wochenmagazins *FOCUS*, das Verschwörungstheorien mit homosexuellen Beziehungen und Erpressbarkeit vatikanischer Würdenträger munter verquickte. Da ist sie wieder, die Mischung aus Geheimbund, unterdrückter Lust und Kabale. Mancher jüdische Beobachter erliegt gerne den Lockungen, hinter den Vatikanmauern solche finsteren Mächte am Werk zu sehen. Das färbt auch auf die Beurteilung Benedikts XVI. ab. Für den links-charismatischen Rabbiner Michael Lerner vom Magazin *Tikkun* aus San Francisco ist Joseph Ratzinger ein „rabiater Reaktionär“ und Großinquisitor gewesen, der Anführer derjenigen Kräfte, die die freiheitlichen Aspekte des Zweiten Vatikanums unterdrückt und die kreativsten Anführer der katholischen Kirche ausgeschaltet haben.

Hat sich Joseph Ratzinger aber wirklich als Mann ausgezeichnet, der andere Religionen verächtlich behandelt und mit den repressivsten Elementen der katholischen Welt gemeinsame Sache macht? Die Dresdner Religionsphilosophin

Hanna-Barbara Gerl-Falkovitz beschreibt ihn als altbaierischen Typus: bescheiden, leise, eher unauffällig. „Seine Stärke ist ganz eindeutig seine Intelligenz, er ist oft intelligenter als seine Kritiker." Als „Mitarbeiter der Wahrheit", als *Cooperator Veritatis,* hat sich Joseph Ratzinger stets verstanden, nicht nur als Erzbischof von München-Freising, auch in seiner Funktion als Lehrer und Theologieprofessor. Aus eigenem Erleben kann ich sagen: Im persönlichen Gespräch begegnet er einem interessiert, aufgeschlossen und wirklich zugewandt. Dabei überaus kenntnisreich, exzellent vorbereitet auf sein Gegenüber und überlegt in seinen Äußerungen. Ratzinger macht es sich nicht leicht in dem, was er sagt, weder sich selbst noch anderen. Das Judentum konnte bei Joseph Ratzinger auf die Achtung und Wertschätzung „als Familie Jesu" zählen. Das war ein Vermächtnis seines Vorgängers, dem Benedikt XVI. unbedingt treu bleiben wollte. Die Akzente der Botschaft dieses Theologen auf dem Papstthron waren jedoch anders gesetzt. Seine Aufgabe als Pontifex verstand er so, die katholische Lehre zu verkünden, wie sie ihm wichtig ist und wie er sie für wahr hält. Heute kann ich sagen: Ich habe großen Respekt vor dem Glauben Joseph Ratzingers. Ein Brückenbauer zwischen Juden und Christen ist Benedikt XVI. leider nicht geworden.

Der Rücktritt von Benedikt XVI. wirft die Frage auf, welche Situationsbestimmung gilt in der katholischen Kirche aktuell, wenn das Verhältnis zum Judentum formuliert wird? Wie steht es um das Klima des jüdisch-katholischen Verhältnisses? Und vor allem: was sind die Baustellen für

Benedikts Nachfolger, wenn es um das Verhältnis zum Judentum geht?

DAS SCHWEIGEN DES PAPSTES

Die Haltung der katholischen Kirche im Dritten Reich sorgt hierbei noch immer für Diskussionen innerhalb der jüdischen Gemeinschaft. „Der Vatikan hat sich vor und nach Kriegsausbruch für die Juden so wenig interessiert wie das Internationale Komitee vom Roten Kreuz (IKRK). Dem Schicksal der Juden gegenüber herrschte eine gewisse Gleichgültigkeit. Der eigentliche Feind war nicht der Nazismus, sondern der Bolschewismus", erklärte dazu einmal der jüdische Religionsphilosoph und Dialogiker Ernst Ludwig Ehrlich (1921–2007).

Das Schicksal der inzwischen heilig gesprochenen Nonne Edith Stein (1891–1942), die in Auschwitz wegen ihrer jüdischen Herkunft ermordet wurde, zeigt am Beispiel einer einzigen Person die tragische Hilflosigkeit der Kirche gegenüber dem nationalsozialistischen Terror. Auch wenn Pius XII. sich in seiner Weihnachtsansprache 1942 auf den Mord an den europäischen Juden bezogen haben wird, als er sagte: „Dieses Gelöbnis schuldet die Menschheit den Hunderttausenden, die persönlich schuldlos bisweilen nur um ihrer Volkszugehörigkeit oder Abstammung willen dem Tode geweiht oder fortschreitender Verelendung preisgegeben sind", so kam ihm das Wort „Juden" dabei nicht über die Lippen. Die Wirkung seiner Worte wurde zudem durch zahlreiche Relativierungen wieder abgeschwächt. Eine Heiligsprechung Pius XII. durch den Nachfolger Benedikts XVI. wird deshalb sicher nicht gut aufgenommen werden in der jüdischen Gemeinschaft. Darüber können auch vereinzelte jüdische Ergebenheitsadressen ebenso wenig hinwegtäuschen wie die begleitenden Maßnahmen der katholischen Kirche durch werbewirksame Ausstellungen und Filmprojekte, etwa die Rekrutierung Christine Neubauers als Pascalina Lehnert, der Nonne an der Seite Pius XII. im epischen Fernsehzweiteiler *Gottes mächtige Dienerin.*

VERURTEILUNG DES ANTISEMITISMUS

Trotz der Bankrotterklärung von 1945 war eine beispiellose Annäherung möglich, getragen auch von dem – wie wir glaubten – ehrlichen Bemühen der Kirche, „Gottes erste Liebe" (Friedrich Heer) anzuerkennen und damit auf eigene Spurensuche zu gehen. Gerade vor dem Hintergrund der leidvollen und unentschuldbaren christlichen Vergangenheit mit dem Judentum ist es eine wichtige Aufgabe für jüdische Theologen geworden, den Dialog mit dem Christentum zu suchen. Papst Johannes Paul II. stellte fest, dass jede Rechtfertigung von diskriminierenden Maßnahmen oder gar von Verfolgungen, auch mit angeblichen theologischen Argumenten, keine Grundlage habe: „Es ist auch nicht legitim, die Juden als ‚verstoßen und verflucht' zu bezeichnen, als ob solche Äußerungen aus der Bibel abgeleitet werden könnten. Es bleibt dabei, dass die göttliche Verheißung unwiderruflich ist." Als der Papst 2000 Israel besuchte, hinterlegte er an der Westmauer des Jerusalemer Tempelbergs eine Bitte um Vergebung: „Gott unserer Väter, du hast Abraham und seine Nachkommen auserwählt, deinen Namen zu den Völkern zu tragen. Wir sind zutiefst betrübt über das Verhalten aller, die im Laufe der Geschichte deine Söhne und Töchter leiden ließen. Wir bitten um Verzeihung und wollen uns dafür einsetzen, dass echte Brüderlichkeit herrsche mit dem Volk des Bundes."

KLARE ABSAGE AN DIE JUDENMISSION

An diese Hoffnung auf echte Brüderlichkeit muss auch der neue Papst anknüpfen. Daraus folgt auch eine Absage an die Judenmission. Die Missionierung von Juden sollte eigentlich schon mit der Enzyklika *Nostra Aetate* hinfällig geworden sein, ganz im Sinne von Johannes Paul II.: „In vollem Bewusstsein der zwischen ihnen bestehenden Bande wünscht jede Gemeinschaft, in ihrer eigenen Identität anerkannt und respektiert zu werden, außerhalb jeglichen Synkretismus und jeglicher zwielichtigen Appropriation." Im Unterschied zu Johannes Paul II. waren und sind für Papst Benedikt XVI. die Juden jedoch nicht „unsere älteren Brüder" gewesen, sondern lediglich „Brüder aus dem jüdischen Volk, mit dem wir durch ein großes gemeinsames geistliches Erbe verbunden sind". Das Vatikanische Staatssekretariat sprach 2008 von den Juden sogar nur noch als dem „Stamm Abrahams" und setzte ihm das „Volk des

Neuen Testaments" entgegen. Hier wünschten wir uns ein deutliches Signal, dass sich Juden und Christen auf Augenhöhe bewegen. Es obliegt der weiteren theologischen Diskussion, im jüdischen Nein zu Jesus Christus den Ausdruck jüdischer Treue zur eigenen Berufung und eine Voraussetzung für das Werden der Kirche zu bedenken.

GOTTES UNGEBROCHENE HEILSZUSAGE AN SEIN VOLK

Die Frage nach der Gültigkeit der Heilszusage Gottes an das jüdische Volk aus katholischer Sicht bleibt aber offensichtlich eine offene Wunde. Als höhnisch müssen Juden es empfinden, wenn ausgerechnet im Umfeld von Karfreitag und Ostern die Katholische Kirche wieder für die Erleuchtung der Juden bittet, damit wir Jesus als Heiland erkennen. Solche theologischen Aussagen werden in einem wirkungsgeschichtlichen Kontext getroffen, der eng verbunden ist mit Diskriminierung, Verfolgung und Tod, letztlich um unseres „Seelenheils" willen. Das ist nach der Schuld, die die Katholische Kirche in ihrer Geschichte mit dem Judentum und zuletzt im Dritten Reich auf sich geladen hat, ein völlig unangemessener Rückschritt und wurde von uns Juden auf das Schärfste zurückgewiesen. Unsere Hoffnung ist, dass die *ecclesia triumphans* des alten Ritus keine geistige Wiederbelebung findet und der neue Papst Formen des Ausdrucks im Gebet fördert, die von Juden nicht als anstößig empfunden werden.

KENNTNIS AUF ALLEN EBENEN FÖRDERN

Zwanzig Jahre nach *Nostra Aetate,* 1985, veröffentlichte die Päpstliche Kommission für die Religiösen Beziehungen zum Judentum ihre „Hinweise für die richtige Darstellung von Juden und Judentum in der Predigt und in der Katechese der katholischen Kirche“: „Die religiöse Unterweisung, die Katechese und die Predigt müssen nicht nur zu Objektivität, Gerechtigkeit und Toleranz erziehen, sondern zum Verständnis und zum Dialog. Unsere beiden Traditionen sind miteinander so verwandt, dass sie voneinander Kenntnis nehmen müssen. Man muss gegenseitig Kenntnis auf allen Ebenen fördern.“ Dies ist auch eine Aufgabe, die sich uns Juden stellt. Hier hoffen wir auf Aufgeschlossenheit und geschwisterliche Partnerschaft im neuen Pontifikat.

WAS ZU WÜNSCHEN ÜBRIG BLEIBT

Wir Juden wünschen uns also einen Papst, für den Gottes Gnadengaben und Verheißungen an das Volk Israel unabänderlich sind, einen Papst, der anerkennt, dass Gottes Treue zu seinem Bund und zur Erwählung Israels ewig währt. Wir wünschen uns einen Papst, der dafür steht, dass die Christen durch den Glauben an Gott in ein eigenes Bundesverhältnis mit Gott getreten sind, nicht jedoch das Judentum abgelöst haben. Dieser Papst möge dem epochalen Umbruch des Zweiten Vatikanischen Konzils Dauer und Wirkung verleihen und so von jeder Judenmission radikal und vorbehaltlos Abstand nehmen.

Wir Juden wünschen uns einen Papst, der Zeugnis für seinen Glauben ablegt und dabei jedem Antisemitismus die Stirn bietet. Wir hoffen, dass unserem Verhältnis so unerträgliche Belastungen wie eine Heiligsprechung Pius XII. erspart bleiben werden. Als ältere Brüder wünschen wir dem Papst zudem, dass er die Fragen von Gleichberechtigung der Geschlechter, Sexualität und Partnerschaft gelassener betrachtet. Wir älteren Geschwister lassen die Scheidung einer Ehe zu, wenn sie zerbrochen ist. Wir empfinden Ehelosigkeit als Unglück und das Alleinsein im Leben als traurig. Wir haben in überwiegender Mehrheit Homosexualität und gleichgeschlechtliche Partnerschaft als Teil von Gottes Schöpfung erkannt und enttabuisiert. Wir haben den Frauen den Weg ins Rabbinat geöffnet und ordinieren Lesben und Schwule. Ich erwarte hier keine theologischen Umwälzungen vom neuen Papst, aber doch ein mutiges Einlassen darauf, dass das Judentum als Wurzel hier zu klaren Einsichten gekommen ist, die wir als Teil der Offenbarung Gottes betrachten.

Es reicht nicht, dass Christen sich auf ihre jüdischen Wurzeln aus biblischer Zeit berufen, denn Dialog verlangt Zeitgenossenschaft. Das heißt, das Gespräch zwischen heutigen Christen und heutigen Juden sollte dem Papst wichtig sein. Die Bewegung aufeinander zu müsste sich öffnen zu einer gemeinsamen Verantwortung für die Zukunft unserer gefährdeten Welt.

„In den Schuhen des Fischers" endet damit, dass Papst Kiril Lakota allen Besitz der Kirche an die Armen der Welt hingibt. Ein unerwarteter und starker Schluss, ein utopisches Ende. Wir Juden setzen beim neuen Pontifikat auf einen realistischen Anfang. Wir erwarten gemeinsame Felder des Engagements auf Augenhöhe. Denn Juden und Christen müssen sich gemeinsam für Gerechtigkeit und Frieden einsetzen. Wir erhoffen, was Johannes XXIII. den Menschen geben konnte: das Gefühl, wirklich geliebt zu sein, um Gottes willen miteinander verbunden. Giuseppe Roncalli, der sich als Papst der Weltöffentlichkeit mit den Worten gezeigt hatte: „Ich bin Josef, euer Bruder", hat es der Kirche vorgemacht: In den Schuhen des Fischers kann man zu neuen Ufern aufbrechen.

MOUHANAD KHORCHIDE

Islam und Christentum als Partner auf dem Weg zu Gott

MUSLIMISCHE ERWARTUNGEN AN DEN NEUEN PAPST

Mouhanad KHORCHIDE, *geb. 1971 in Beirut; Studium der islamischen Theologie im Libanon und der Soziologie in Wien; Promotion im Fach Religionssoziologie an der Universität Wien; seit 2010 Professor für Islamische Religionspädagogik sowie Leiter des Zentrums für Islamische Theologie an der WWU Münster.*

BENEDIKT XVI. UND DER ISLAM – EIN FRUCHTBARER DIALOG

Die Rede von Papst Benedikt XVI. am 12. September 2006 an der Universität Regensburg sorgte damals bei vielen Muslimen für große Aufregung. Der Papst zitierte in seiner Rede aus der von Adel Theodor Khoury herausgegebenen *Siebten Gesprächsrunde* eine Aussage des spätmittelalterlichen byzantinischen Kaisers Manuel II. Palaiologos zur Rolle der Gewalt im Islam, die dieser in einer Unterhaltung mit einem persischen Gelehrten gemacht hatte:

„Zeig mir doch, was Mohammed Neues gebracht hat, und da wirst du nur Schlechtes und Inhumanes finden wie dies, dass er vorgeschrieben hat, den Glauben, den er predigte, durch das Schwert zu verbreiten."

Im Oktober 2007 verfassten 138 namhafte muslimische Gelehrte den 29-seitigen, an die christlichen Religionsoberhäupter gerichteten, offenen Brief „Ein gemeinsames Wort zwischen Uns und Euch", in dem sie zum Dialog über Gemeinsamkeiten der beiden Religionen auffordern. Papst Benedikt nahm das Angebot zum Dialog an. Ein Katholisch-Islamisches Forum wurde daraufhin im Vatikan ins Leben gerufen.

Seitdem gab es zahlreiche wichtige Begegnungen zwischen muslimischen und christlichen Gelehrten, in denen vor allem die Nächsten- und Gottesliebe als gemeinsame Eckpfeiler beider Religionen betont wurden. Bei seinem Besuch im Jahre 2006 in der Türkei beschwor Papst Benedikt XVI. den „einen gemeinsamen Gott" von Christen, Juden und Muslimen. Bei seiner Begegnung im Jahre 2011 mit muslimischen Vertretern während seines Besuchs in Deutschland rief Benedikt XVI. Muslime und Christen zu einer fruchtbaren Zusammenarbeit auf. Als Menschen des Glaubens könnten sie in vielen Lebensbereichen ein wichtiges Zeugnis geben, etwa beim Schutz von Ehe und Familie. Dazu sei es notwendig, „im Dialog und in der gegenseitigen Wertschätzung zu wachsen". Die missverständliche Regensburger Papstrede und seine Aussagen zum Thema Islam und Gewalt und die Welle der Empörung, die daraufhin durch die muslimische Welt ging, sind inzwischen längst überwunden. Im Nachhinein könnte man sogar sagen, dass die Regensburger Rede des Papstes einen Anlass gab, den christlich-muslimischen Dialog zu fördern.

DER DIALOG MUSS DIE LEBENSWIRKLICHKEIT DER MENSCHEN ERNST NEHMEN

Und nun liegt es am neuen Papst, diesen fruchtbaren Dialog zwischen dem Islam und dem Christentum weiter zu fördern. Beide Religionen stehen heute vor der Herausforderung, den Lebensbezug ihrer Botschaften aufzuzeigen. Gerade junge Menschen fragen sich nach der Bedeutung religiöser Inhalte für ihren Lebensentwurf. Wenn sich Religionen lediglich auf Dogmen und lebensfernen Aussagen beschränken, laufen sie Gefahr, dass Menschen sich immer mehr von Religion distanzieren. Statt „Was wollen Religionen vom Menschen?“ sollten Religionen fragen: „Was wollen Religionen für die Menschen?“ Denn Religiosität wird nicht von außen vermittelt, Religiosität wird angeeignet und zwar in einem offenen Prozess. Die Rede von Aneignungsprozessen betont zwei zentrale Aspekte: Erstens geht es um den Menschen selbst. Der Mensch wird nicht als Objekt von Religionen, sondern als Subjekt betrachtet, der sich mit seinen Erfahrungen, Erwartungen, Wünschen und Hoffnungen einbringt. Zweitens: Bei Religiosität handelt es sich um einen Prozess. Dieser Prozess begleitet den Menschen ein Leben lang. Die Menschen erwarten heute von Religionen, ernst genommen zu werden.

RELIGION ALS DIALOG UND NICHT ALS INSTRUKTIONEN

Das Zweite Vatikanum hat das alte instruktionstheoretische Modell, das in Offenbarung lediglich göttliche Belehrung und göttliche Anweisungen sieht, aufgehoben. Das Zweite Vatikanum macht sich für ein kommunikationstheoretisches Modell stark. Dabei geht es um eine dialogische Gott-Mensch-Beziehung. Der christlich-islamische Dialog bietet der islamischen Theologie eine fruchtbare Chance, aus diesen innerchristlichen Entwicklungen Lehren für den Islam zu ziehen. Das instruktionstheoretische Modell, das in Religionen Sammlungen von Instruktionen sieht, die die Menschen bevormunden und von ihnen unhinterfragt befolgt werden müssen, reduziert die Gott-Mensch-Beziehung auf eine Gehorsamkeitsbeziehung. Das dialogische

Modell sieht eine dialogische Beziehung zwischen Gott und dem Menschen, die auf gegenseitiger Liebe basiert. In diesem Modell geht es um den Menschen selbst; alles, was ihm gut tut, was zu seiner Vervollkommnung und seiner Glückseligkeit beiträgt, entspricht dem göttlichen Willen. Das erste Modell wird weder Gott noch dem Menschen gerecht, weder im Islam noch im Christentum, da Gott als restriktiver Gott erscheint, dem es nur um sich selbst geht. Im dialogischen Modell hingegen ist Gott ein vollkommener Gott, dem es nicht um sich selbst geht, sondern um den Menschen. Seine Sorge richtet sich keineswegs gegen den Menschen, sondern gegen die Ungerechtigkeit, da das Leiden des Menschen bzw. seine Unterdrückung oder Entwürdigung Gott nicht kalt lässt. Er ist mitbetroffen, denn die Würde des Menschen ist oberstes Gebot.[1]

Sowohl der Islam als auch das Christentum sind der Überzeugung, dass Gott die Menschen erschuf, weil er Mitliebende sucht. Jedoch nicht deshalb, weil er Mitliebende bräuchte, sondern weil er seine Liebe und Barmherzigkeit teilen will, und dies tut er eben aus seiner Liebe und Barmherzigkeit heraus. So heißt es im Koran: „Wenn ihr euch abwendet, dann wird Gott Menschen bringen, die er liebt und die ihn lieben."[2] Hier sagt der Koran unmissverständlich, worum es eigentlich geht; Gott sucht Mitliebende, und er macht den ersten Schritt. Gott wollte seine Liebe und Barmherzigkeit nicht für sich behalten, sondern teilen. Er ist seit Ewigkeit eine Beziehung mit dem Menschen eingegangen, schon vor dessen Schöpfung, dies zeugt von seiner ewigen Liebe und Barmherzigkeit zum Menschen. Die Schöpfung des Menschen macht die Verwirklichung dieser Liebe möglich. Gottes Liebe ist eine Einladung an den Menschen, diese zu erwidern.

VON RELIGIONEN WIRD AUCH GESELLSCHAFTLICHES ENGAGEMENT ERWARTET

Gott zu lieben, bedeutet seine Schöpfung zu lieben. Diese Liebe vollzieht sich im verantwortlichen Handeln des Menschen in seiner Gesellschaft. Und genau das ist Gottesdienst. Der Dienst an Gott vollzieht sich daher im Dienst an seinen Geschöpfen. Einen Menschen anzulächeln ist ebenso Gottesdienst wie beispielsweise eine Pflanze zu gießen. Jede sinnvolle Handlung, die einen Beitrag zu einem schöneren, friedlicheren, verantwortungsvolleren, erfüllenderen Leben voller Liebe und Barmherzigkeit leistet, ist Gottesdienst. Jede Verringerung von Not und Leid auf der Erde ist Gottesdienst. Es geht beim Gottesdienst somit nicht um Gott, sondern um seine Schöpfung. Man dient Gott, indem man seiner Schöpfung dient. Je mehr man seinen Geschöpfen dient, desto mehr dient man Gott.

Die Vorstellung mancher Theologen, wonach Gottesdienst lediglich darin bestünde, bestimmte Rituale wie Beten und Fasten zu verrichten, höhlt die Religion aus, kappt jeglichen Bezug zur Lebenswirklichkeit. Dahinter verbirgt sich die Vorstellung, dass Gott anstrebt, von den Menschen angebetet und verherrlicht zu werden, um dadurch zufriedengestellt zu werden.

Gott greift nicht direkt in die Welt ein, sondern handelt durch den Menschen. Der Mensch ist ein Medium der Verwirklichung göttlicher Liebe und Barmherzigkeit. Gott heilt zum Beispiel Kranke durch Ärzte und Medikamente, die die Menschen selbst entwickeln. Je mehr sich etwa Mediziner bemühen, zu forschen und Therapiemöglichkeiten und Medikamente zu entwickeln, desto mehr werden sie zum Medium für das Eingreifen Gottes bei der Heilung von Kranken. Es gibt also kein Entweder-Oder: Ist es Gott oder der Mensch, der wirkt? Ist Gott derjenige, der Kranke heilt, oder der Arzt? Gott und Mensch kooperieren, indem Gott seine Intention durch den Menschen Realität werden lässt, ohne dabei die Freiheit des Menschen zu beeinträchtigen. Und je mehr sich der Mensch vervollkommnet, auch im wissenschaftlichen und zivilisatorischen Sinne, desto mehr Möglichkeiten hat Gott, durch ihn einzugreifen. Die Verwirklichung von Gottes Liebe und Barmherzigkeit geht also Hand in Hand mit der menschlichen Entwicklung.

Religionen sind nur dann offen und lebensnah, wenn sie stark sind und nichts befürchten. Und je lebensnaher Religionen sind, desto attraktiver sind sie auch für die Menschen. Sowohl der Islam als auch das Christentum sind heute herausgefordert, die Frage an sich zu stellen, wie sie die Gesellschaft bereichern können. Dazu gehört die Betonung des hohen Stellenwerts der Familie, des Lebens, der ehrenamtlichen Arbeit, der sozialen und politischen Gerechtigkeit u. a. Beide Religionen dürfen sich nicht von der Lebenswirklichkeit der Menschen abschotten. Beide Religionen bergen viel Potenzial in sich, unsere Gesellschaften zu bereichern, indem sie uns an Werte wie Nächstenliebe und bedingungslose Liebe und Güte erinnern.

Die seit Jahren andauernden Konflikte im Nahen Osten, die wirtschaftliche Ausbeutung vieler Länder der sog. „Dritten Welt“ sowie die Unterstützung diktatorischer Regime in vielen islamischen Ländern durch westliche Staaten sorgen für große Verstimmung unter vielen Muslimen. Die Unterstützung von Diktatoren wie Mubarak und zuvor Saddam Hussain über Jahrzehnte durch westliche Staaten, obwohl sie ihre Länder ausgebeutet hatten, hat die Glaubwürdigkeit des Westens in den muslimischen Ländern zum Wanken gebracht. Daher erwarten Muslime vom neuen Papst, dass er sich stark für die Verwirklichung von Menschenrechten und demokratischen Grundwerten einsetzt und an westliche Staaten appelliert, sich nicht durch wirtschaftliche Interessen im Nahen Osten verführen zu lassen, demokratische Grundwerte zu verwerfen.

Sowohl Christen als auch Muslime glauben daran, dass sie den Auftrag haben, die göttliche Liebe und Barmherzigkeit zur gelebten und erfahrbaren Wirklichkeit zu machen. Der Prophet Muhammad erzählte: „Im Jenseits wird Gott einen Mann fragen: ‚Ich war krank und du hast mich nicht besucht, ich war hungrig und du hast mir nichts zu essen gegeben, und ich war durstig und du hast mir nichts zu trinken gegeben.‘ Der Mann wird daraufhin erstaunt fragen: ‚Aber du bist Gott, wie kannst du krank, durstig oder hungrig sein?!‘ Da wird ihm Gott antworten: ‚Am Tag soundso war ein Bekannter von dir krank und du hast ihn nicht besucht; hättest du ihn besucht, hättest du mich dort, bei ihm, gefunden. An einem Tag war ein Bekannter von dir hungrig und du hast ihm nichts zum Essen gegeben, und an einem Tag war ein Bekannter von dir durstig und du hast ihm nichts zum Trinken gegeben.‘“[3] Diese Erzählung erinnert an das Matthäus-Evangelium, Kapitel 25, das eine ähnliche Erzählung anführt und anschließend betont: „Was ihr für einen meiner geringsten Brüder getan habt, das habt ihr mir getan.“ Religionen dürfen allerdings nicht auf ihre Funktion reduziert werden, denn sie haben eine wichtige spirituelle Dimension, die uns an Gott binden will.

Ob Muslime oder Christen, wir alle streben die Gottesgemeinschaft an. Und gerade dieses Streben eint uns. Wir sind Partner auf dem Weg zu Gott. Die Bescheidenheit des Papstes Benedikt XVI., die ich bei der Begegnung mit ihm bei seinem Besuch im September 2011 in Deutschland gesehen und erlebt habe, ruft bis heute bei mir die Überzeugung hervor, dass Gott durch seine Gnade viele Wege zu ihm offen gelassen hat. Gott lädt uns auf unterschiedliche Wege zu ihm ein. Ich bin auch der Überzeugung, dass diese aufrichtige Bescheidenheit ebenso vom kommenden Papst weitergetragen wird.

„Und du wirst sicher finden, dass unter ihnen diejenigen, die den Gläubigen in Liebe am nächsten stehen, die sind, welche sagen: ‚Wir sind Christen.' Dies deshalb, weil es unter ihnen Priester und Mönche gibt und weil sie nicht hochmütig sind." (Koran, 5:82)

[1] *Vatikan: Ansprache von Papst Benedikt XVI. „Glaube, Vernunft und Universität. Erinnerungen und Reflexionen". 12. September 2006 http://www.vatican.va/holy_father/benedict_xvi/speeches/2006/september/documents/hf_ben-xvi_spe_20060912_university-regensburg_ge.html 25.02.2013*

[2] *Vgl. Mouhanad Khorchide, Islam ist Barmherzigkeit. Grundzüge einer modernen Religion, Freiburg 2012, S. 137*

[3] *Koran, 5:54*

[4] *Überliefert nach Muslim, Hadith-Nr. 2569*

WALTER KIRCHSCHLÄGER

„Du stärke deine Schwestern und Brüder“

(Lk 22,32)

Walter KIRCHSCHLÄGER, *1970 bis 1973 Sekretär von Kardinal König; 1982 bis 2012 Professor für Auslegung des Neuen Testaments an der Theologischen Fakultät der Universität Luzern; seit 1972 in der theologischen Erwachsenenbildung tätig; verheiratet, 4 Kinder und 8 Enkelkinder.*

Nach katholischer Auffassung wurzelt das Amt des Bischofs von Rom im Auftrag Jesu an Simon Petrus und in der Tätigkeit dieses Apostels im Kreis der Nachfolgegemeinschaft Jesu und sodann der ersten Kirchen in der nachösterlichen Zeit. Die Frage nach der Begründbarkeit einer solchen Sukzession bleibt den Fachleuten der Dogmatik und Dogmengeschichte überlassen. Auch die historische Verifizierbarkeit einer petrinischen (Leitungs-) Tätigkeit in der Kirche von Rom, wie sie im katholischen Leitungsverständnis vorausgesetzt wird, kann ausgeklammert werden. Ob ein allfällig anders lautendes historisches Urteil die *theologische* Ableitbarkeit des Amtes eines Bischofs von Rom vom Petrusdienst in der frühen Kirche in Frage stellt, sei dahingestellt.

Als entscheidend ist auch in diesem Bereich die ursprüngliche Absicht Jesu von Nazaret einzuordnen, der die Gemeinschaft um ihn als eine strukturierte Gemeinschaft verstand und deutlich die Absicht zum Ausdruck brachte, ihren Bestand über sein Todesschicksal hinaus sicherzustellen. Daher liegt es nahe, diese Strukturierung im Sinne Jesu von Nazaret weiterzudenken. Ansatzpunkt für eine Reflexion über die Aufgabe eines Bischofs von Rom wird dann die Beauftragung des Simon Petrus durch Jesus (1.1–1.3) und werden die Kennzeichen seiner Tätigkeit im Kontext von Jesusgemeinschaft und frühen Kirchen (2.1–2.3) sein. Folgerungen daraus können zumindest in Kernpunkten formuliert werden (3.1–3.5).

1 DIE BEAUFTRAGUNG DES SIMON DURCH JESUS

Ein biblischer Nachweis über den Petrusdienst kann nicht allein anhand von Mt 16,13–19 („Du bist Petrus …“) geführt werden. Demgegenüber erhält die Erarbeitung eines Bündelarguments Vorzug. Verschiedene Hinweise in der neutestamentlichen Schrift werden miteinander verbunden, um daraus die Konturen eines Verständnisses abzuleiten.

1.1 DAS WORT JESU AN SIMON

Neben dem Messiasbekenntnis durch Petrus (Mk 8,27–30 par; vgl. Joh 6,69) hat dabei ein in Lk 22,31–34 überliefertes Zwiegespräch besondere Bedeutung. Im vorliegenden Zusammenhang genügt die Beschäftigung mit dem ersten Wort Jesu:

31 „Simon, Simon, siehe:
Der Satan hat sich ausgebeten, euch zu sieben wie den Weizen.
32a Ich nun habe für dich gebetet, dass dein Glaube nicht nachlasse.
32b Und du, wenn du umgekehrt bist, stärke deine Schwestern und Brüder.“

Dieses Jesuswort steht in einer gleichsam testamentarischen Spruchreihe im Kontext des Mahles, das Jesus am Abend vor seinem Tod mit seiner Jüngerinnen- und Jüngergemeinschaft feiert. Die Bezeichnung „Simon“ ist im LkEv seit der Berufungserzählung in Lk 5 kaum verwendet (Ausnahmen: Lk 24,34, vgl. 6,14). Diese Anrede sowie das Bild vom

Sieben wie Weizen (vgl. dazu Sir 27,4) verweisen auf hohes Alter, mit Wahrscheinlichkeit auf die Ursprünglichkeit dieses Wortes. Daraus lässt sich kein Argument über die Gewichtung der Jesusrede ableiten, aber es ist eine zu beachtende Feststellung.

Neben der Zusicherung des Gebets Jesu für seinen Jünger und dessen Glauben (Lk 22,32a), ist der Auftrag Jesu zu beachten (Lk 22,32b). Er setzt einen Akt der Umkehr und Besinnung voraus, der sich auf den zuvor angesprochenen Glauben bezieht. Dieser Glaube des Simon ist in seinem Christusverhältnis gebündelt, in der Frage also, als wen er diesen Jesus von Nazaret in dessen Lebens-, Todes- und Auferstehungsschicksal begreift und was dies für sein Verhältnis zu Jesus und für den eigenen Lebensentwurf bedeutet. Diese kritische Selbstreflexion des Simon ist unerlässlich, will er sich dem ihm erteilten Auftrag stellen: „Stärke deine Schwestern und Brüder."

1.2 BESTÄRKEN

Der Grundton des griechischen Verbums *sterizein* / „stärken, bestärken" ist positiv, ermutigend, motivierend, nach vorwärts gerichtet. Es geht um eine unterstützende Tätigkeit, die gewährleisten soll, dass die Betroffenen feststehen und nicht wanken. Der Kern der Wortwurzel bezieht sich auf eine unbeugsame Festigkeit (so Lk 9,51). Der Textzusammenhang, in dem das Nachlassen des Simon im Glauben durch das Gebet Jesu ausgeschlossen werden soll, legt eine antithetische Bezugsetzung nahe: Die Schwestern und Brüder sollen in ihrem Glauben bestärkt werden, das bedeutet auch hier: in der Reflexion ihres Christusverhältnisses und in der Verwirklichung der daraus gezogenen Konsequenzen in ihrem Leben.

Für Paulus ist Gott selbst Subjekt eines solchen die Glaubenden bestärkenden Handelns (so Röm 16,25; 1 Thess 3,13). Die Paulusschule und 1 Petr teilen dieses Verständnis (siehe 2 Thess 2,17; 3,3; 1 Petr 5,10). Parallel dazu verweist das Verbum in verschiedenen Schriften auf eine spezifisch apostolische Tätigkeit (so Röm 1,11 bezogen auf Paulus; 1 Thess 3,2: Timotheus; Apg 18,23: Paulus). Der Begriff gehört also zu einer diesbezüglich eindeutigen Kirchensprache.

Die Rede ist nicht von einer Bevormundung. Das Wort meint auch nicht die Ausübung einer Kontrolle, ebenso wenig ist von einer disziplinarischen Vollmacht oder einer Gesetzgebungskompetenz die Rede. *Sterizein*/„stärken" ist vielmehr ein Kernbegriff der paränetischen (also der ermutigenden/ermahnenden) Verkündigungspraxis. (Es verwundert daher auch im Rückblick, dass Johannes Paul II. sein Dokument über die Unfähigkeit der Frau für die Priesterweihe (1994) ausdrücklich auf Lk 22,32 abstützte.)[1]

1.3 GESCHWISTER

Der Vorgang des Stärkens, hier dem Simon aufgetragen, richtet sich an „die Schwestern und Brüder". Diese Bezeichnung verbietet das Verständnis einer Überordnung durch die zugesprochene Aufgabe. Die Begriffe aus der Familiensprache benennen ein nahes Beziehungsverhältnis auf ein- und derselben Verwandtschaftsebene. Diese Beziehung der Getauften zueinander ist auf ihre Christusverbundenheit zurückzuführen, die in der Taufe grundgelegt ist und aufgrund derer sie Töchter und Söhne Gottes geworden sind (bes. Gal 3,26–29).

2 DIE TÄTIGKEIT DES SIMON PETRUS

Anhand des verzweigten neutestamentlichen Befundes können einzelne Grundelemente identifiziert werden:

2.1 EINGEBUNDEN IN DIE GEMEINSCHAFT

Simon Petrus ist in seiner Tätigkeit in den Kreis der Zwölf und in die Gemeinschaft der Glaubenden eingebunden. Schon in Lk 22,31 fällt die auf die Tischgemeinschaft ausgerichtete Rede Jesu auf („… *euch* zu sieben …"), die sodann auf Simon konzentriert wird. Auch die Einleitung zur Rede am Pfingsttag bringt diese Stellung des Petrus zum Ausdruck (Apg 2,14: „Petrus stand auf, *mit* den Elfen erhob er seine Stimme und sprach …"). Der Sprechende steht nicht der Glaubensgemeinschaft gegenüber, er spricht und handelt aus ihrer Mitte und als Teil derselben.

2.2 SYNODALE ENTSCHEIDUNGSPROZESSE

Deswegen hat Petrus auch nicht das letzte Wort, sondern Entscheidungen werden synodal gefällt. Gemäß der Darstellung des Lukas geben beim Apostelkonzil Petrus, Paulus mit Barnabas und der Herrnbruder Jakobus ihre Voten ab, bevor „die Apostel und die Ältesten *mit* der ganzen Kirche [von Jerusalem]“ entscheiden (Apg 15,6–29, hier 22). Es darf auch nicht übersehen werden, dass die in der katholischen Tradition so sehr strapazierten Worte von der Binde- und Lösegewalt nicht nur an Simon Petrus (so Mt 16,19b), sondern sodann an alle Jüngerinnen und Jünger gerichtet sind (so Mt 18,18; vgl. Joh 20,22–23).

2.3 PETRUS, PAULUS, JAKOBUS, DER GELIEBTE JÜNGER …

Ohne Zweifel ist Petrus eine entscheidende Gestalt der frühen Kirchen, aber er ist nicht die einzige. Die Darstellung des Wettlaufs der zwei Jünger zum geöffneten und leeren Grab spiegelt ein komplexes Verhältnis zwischen Petrus und dem geliebten Jünger (Joh 20,3–10, sowie Joh 21,7.20–23). Über das Verhältnis zu Paulus gibt Gal 1,18–20; 2,1–10, 11–14 eine vielfältige Auskunft. Lukas rückt in seiner Darstellung der Apg ab der Befreiung des Petrus aus dem Kerker (Apg 12,3–17, um 42 n. Chr.) allmählich den Herrenbruder Jakobus als leitende Gestalt der Kirche von Jerusalem in den Vordergrund (vgl. z. B. Apg 15,4 mit 21,17–19; vgl. dazu auch Gal 2,9). Die Stellung Marias von Magdala, an der Spitze einer Frauengruppe in der Jesusgemeinschaft darf in diesem Zusammenhang ebenfalls nicht übersehen werden (siehe Lk 8,1–13; Joh 20,1–18).

3 FOLGERUNGEN FÜR DEN NÄCHSTEN BISCHOF VON ROM

Der Katalog von Wünschen an den neuen Bischof von Rom ist angesichts der Diskrepanz der gegenwärtigen Kirchenleitungspraxis zum biblischen Befund und des Stillstandes der letzten Jahrzehnte umfangreich und vielfältig. Er enthält Machbares, das sehr rasch einzuleiten wäre und umsetzbar ist, und er beinhaltet ebenso Träume und Visionen. Die Beschränkung auf das Machbare ist hier geboten. Sie ist unter dem Leitgedanken der Stärkung der Schwestern und Brüder gestellt, die als Hauptaufgabe des Bischofs von Rom identifiziert werden konnte.

3.1 KONKRETISIERTE NACHFOLGE JESU

Der Dienst des Bischofs von Rom muss verstärkt als konkrete Nachfolge Jesu und als Orientierung an Verkündigung und Beispiel Jesu von Nazaret gelebt werden. Dieses Wirken Jesu kann mit zwei Kernaussagen charakterisiert werden:

- Jesus von Nazaret stellte das Heil und die Rettung des Menschen in den Vordergrund seines Wirkens.
- Jesus von Nazaret lebte in der Grundhaltung des Dienstes.

In diesen Grundhaltungen erkannte er die wesentlichen Charakteristika seines Gottes, den er spätestens in seiner Taufe als seinen Vater begriffen hatte (vgl. Mk 1,9–11 par). Ihm, also Gott selbst, nachzufolgen – im Sinne einer Lebenstransparenz auf diesen Gott hin, um die Eigenart dieses

Gottes für die Menschen erfahrbar zu machen – war der Inhalt, also die „Berufung“ seines Lebens.

Es ist die Aufgabe jeder Christin und jedes Christen, sich an diesem Lebensentwurf Jesu von Nazaret zu orientieren. Gerade auch hier gilt: Wer in der Leitung vorangeht, trägt eine herausragende Verantwortung, sich um diese Verwirklichung einer Nachfolge Jesu zu bemühen. Die Kennzeichen eines solchen Lebensentwurfes müssen also in alle Bereiche des Dienstes eines Bischofs von Rom erkennbar einfliessen. Denn die missionarische Kraft dieses Dienstes wird darin erkennbar, dass Menschen sich am Bemühen dieser Leitperson orientieren und so in ihrem eigenen Glaubensweg gestärkt werden (siehe Lk 22,32). Angesichts der besonderen Aufgabe erhält dieses Bemühen um Christuskonformität in der Nachfolge besondere Facetten:

3.2 STRUKTURELLE ORIENTIERUNG AN JESUS

Die persönliche Gestaltung der Nachfolge Jesu bleibt auch für den Bischof von Rom seiner Person vorbehalten. Kraft seines Dienstes ist ihm zusätzlich die volle Verantwortung dafür übertragen, strukturelle Grundlagen zu schaffen oder sie so zu verändern, um Nachfolge Jesu zu ermöglichen und zu begünstigen. Der Bischof von Rom trägt die politische Verantwortung insbesondere dort, wo Strukturvorgaben diesen persönlichen Weg der Christinnen und Christen behindern oder wo diese Vorgaben selbst den Grundzügen der Jesusbotschaft widersprechen.

3.3 AMT ALS DIENST

Die Orientierung an Jesus lässt nur die Ausübung eines bischöflichen *Dienstes* in Rom zu. Die Erzählung von der Fußwaschung bleibt hier richtungweisend (vgl. Joh 13,1–17). Sie verdeutlicht, dass die Art und Weise, wie Autorität in der Kirche ausgeübt wird, sich von jeder weltlichen zu unterscheiden hat; dies sollte sogar ein *Unterscheidungszeichen* sein (siehe Mk 10,43: „Nicht ist es so unter euch"). Dafür genügt es nicht, den Titel „Diener der Diener Gottes" zu führen, wie auch viele entsprechende Worte sich schnell als leer erweisen, wenn die Zeichen in der Leitungspraxis nicht damit einhergehen. Neben dem persönlichen Leitungsstil sind auch hier die notwendigen strukturellen Korrekturen entscheidend (und unerlässlich).

Die Aufmerksamkeit muss sich dabei auf die *Verflachung der Hierarchien* richten. Gemäß der Deutung der Fußwaschungsszene wird mit der von Jesus propagierten Grundhaltung Autorität nicht abgeschafft (siehe Joh 13,13), aber sie hat im Kontext einer Liebe „bis zur Vollendung" (Joh 13,1) und nach dem Prinzip der Reziprozität (Joh 13,14: „… ihr einander …") zu agieren.

Das macht erforderlich, dass Entscheide begründet, Argumente beigebracht und auch gehört werden. Die Berufung auf die Autorität des Amtes und ein durch Jahre gehendes Wiederholen unbegründeter Einsichten ohne jedwede sachbezogene Auseinandersetzung mit vorgebrachten Einwänden gehört nicht zu einem so verantwortbaren Führungsstil.

Die Einrichtung entsprechender Konfliktbereinigungsmechanismen, von Schlichtungs-, Berufungs- und Kontrollinstanzen ist dann unausweichlich. Sie entspricht auch der allgemeinen gesellschaftlichen Rechtskultur, die seitens der Kirche in ihrer Soziallehre von weltlichen Behörden kontinuierlich eingemahnt wird.

Die herrschende Titelpraxis und -sucht ist ebenfalls anzusprechen. Die im Zuge des letzten Großen Konzils initiierte Vereinfachung (also keine Eminenzen und Exzellenzen, Gnaden und Hochwürden mehr) ist bereits wieder vergessen. Johannes XXIII. hat sich seinerzeit die Anrede „Heiligkeit" verbeten und die Konzilseröffnungsbulle lediglich mit „Ich, Johannes, Bischof der katholischen Kirche" unterzeichnet. Dass die gegenwärtig praktizierte Vorgangsweise einer ehrlichen Geschwisterlichkeit zuwiderläuft, ist evident. Der bislang unbeantworteten Frage, warum Mt 23,9 nicht ernst genommen wird („Ihr sollt niemanden auf Erden euren Vater nennen, denn nur einer ist euer Vater, der im Himmel") wird sich auch der neue Bischof von Rom stellen müssen.

Es stellt sich auch die Frage, ob die gegenwärtig übliche Kleidungspraxis, die ursprünglich aus dem Alltag der Menschen abgeleitet war, nicht erneut diesen Schritt ins Heute vollziehen sollte, die Reduktion des Farbenspiels mit einbezogen. Feierliches Gewand gehört zu feierlichen (hier wohl: liturgischen) Anlässen. Es ist die eigene Persönlichkeit, die einem Dienst Profil gibt, nicht die Farbe seines Kleides und sonstiges Zubehör. Das Sprichwort „Kleider machen Leute" ist irreführend. Das Gewand darf nicht dazu Vorschub leisten, dass sich der Mensch hinter seinem Amt versteckt und von dorther seine Autorität abzuleiten sucht. Auch hier gehen struktureller Regelungsbedarf und persönliches Vorbild ineinander.

3.4 KOLLEGIALITÄT

Der neutestamentliche Befund vom Leben der Kirche in Jerusalem (siehe Apg 2–5; 15) sowie von der Einbindung des Simon Petrus in den Kreis der Jüngerinnen und Jünger (siehe oben) legt nahe, die schon auf dem Konzil (und seither) vehement erhobene Forderung nach einer wirkungsvollen Kollegialität ernst zu nehmen und zu verwirklichen. Der Petrusdienst als absolute monarchische Leitungsspitze der Kirche ist mit Bezug auf die biblischen Grundlagen und auf eine daraus abgeleitete Christuskonformität nicht vertretbar.

Die Konzeption dieses Dienstes als Träger einer uneingeschränkten und auch irdisch nicht rechenschaftspflichtigen Machtfülle (siehe can. 331.333–334 CIC) ist überdies das Relikt des in Europa maßgeblichen politischen Systems des 2. Jahrtausends, entspricht aber keineswegs der heutigen Vorstellung von menschenwürdiger und verantwortbarer Gesellschaftsordnung. Nur Diktaturen favorisieren noch solche uneingeschränkte Lenkungs- und Entscheidungsmechanismen.

Auch praktische Gründe sprechen gegen diese Konzeption.

Angesichts der komplexen Herausforderungen ist der Dienst in dieser Form nicht lebbar. (Der soeben emeritierte Bischof von Rom hat in diesem Zusammenhang von einem „Fallbeil" gesprochen, das ihn getroffen habe …) Es könnte auch helfen, wenn sich der Bischof von Rom auf seine ureigene Aufgabe rückbesinnt: Er ist Bischof von Rom. Dass er die Lateranbasilika tatsächlich wieder zu seiner Bischofskirche macht und in den Lateran zieht, gehört vermutlich zu den heute noch unangebrachten Träumen.

Die strukturelle Sorge davor, mitarbeitende und beratende Organe oder Personen zu Mitentscheidungsträgern zu machen, ist in der Sache unbegründet. Im Falle der Bischofssynode hatte Paul VI. dies bereits vorgesehen. In Bezug auf dieses Gremium wäre ein entsprechender Schritt von besonderer Bedeutung. Hier und in anderen Bereichen sind synodale Entscheidungswege zu etablieren und einzuüben, wie sie sich z. B. auf dem Konzil bewährt haben. Sie stärken das Gefühl der Gemeinsamkeit und sind somit förderlich für die Kirchenwirklichkeit.

Der gegenwärtig vorherrschende und immer noch wachsende Zentralismus widerspricht dem Prinzip der Geschwisterlichkeit und drückt einen gravierenden Mangel an Vertrauen aus. An seine Stelle kann Delegation an die Ortskirchen (allenfalls in regionalen Verbänden) treten. Das Prinzip der Subsidiarität ist mit der Kirchenwirklichkeit seit ihren Anfängen verbunden. Diese strukturelle Verschiebung von Leitungsverantwortung ist sowohl der Sache nach wie aus praktischen Gründen angezeigt. Sie nimmt Ortskirchen in ihrem Kirche-Sein ernst und macht den Dienst als Bischof von Rom erfüllbar. In weiterer Zukunft kann sich dessen Aufgabe dann tatsächlich zu einem koordinierenden Dienst der Einheit entwickeln – nicht durch eine gestraffte Befehlsstruktur, sondern durch eine kommunikative Beziehungspflege.

3.5 GESCHWISTERLICHKEIT

„Schwestern und Brüder" sind nicht alle gleich, aber sie begegnen einander auf einer Ebene. Das erfordert eine neue Einfachheit in der Lebensart, im (öffentlichen) Auftreten und in der Begegnung. Es verbietet weltweit – somit auch in Rom – pompöses Gehabe und pflegt einen Lebensstil, der jenem der Menschen von nebenan entspricht.

Für einen solchen komplexen Rückführungsprozess müssen Anfänge gesetzt werden. Sie betreffen die (gepanzerten) Limousinen von Prestige-Autofirmen und deren Sonderanfertigungen ebenso wie Sonderflugzeuge, Barockpaläste und eine Privatarmee, und sie reichen bis in das eigene Lebensumfeld und die persönliche Lebensgestaltung.

Geschwisterlichkeit ist weiterhin in der Ökumene einzufordern. Die hier angebrachte Rede von den „Schwesterkirchen" wurde im Jahr 2000 eingeschränkt, die differenzierende Nuancierung des Kirchenbegriffs über den Zugang zu den Betroffenen gestellt. Wenn Paulus nicht geirrt hat (siehe oben Gal 3), bildet *die Taufe* die Grundlage der neuen Gottesfamilie. Wenn dem so ist, besteht hier dringender

Handlungsbedarf, der das Gemeinsame sichtbar vor das Trennende stellt.

Ob die Bezeichnung und die Funktion als „Souverän des Staates der Vatikanstadt“ zur Stärkung der Geschwisterlichkeit förderlich sind, sei dahingestellt. Schwerer wiegt noch die Frage, wie sich diese Funktion als Staatsoberhaupt mit einer strukturellen Nachfolge und Orientierung an Jesus Christus verträgt.

Dass sich die Praxis bevorzugter Geheimhaltung nicht als familienfördernd erweist, ist aus dem zivilen Lebensbereich bekannt. Die Angst vor der Öffentlichkeit erscheint systemimmanent. Aufgrund von Mt 10,27 („Was ich euch im Dunkeln sage, davon redet am hellen Tag, und was man euch ins Ohr flüstert, das verkündet von den Dächern“) ist die strukturelle und persönliche Umstellung auf größtmögliche Transparenz unaufschiebbar.

Der Hintergrund für diese Auslegeordnung sei nochmals in Erinnerung gerufen: Die Kernaufgabe des Bischofs von Rom ist die Ermutigung und Stärkung der Menschen auf ihrem Glaubensweg. Was hier dazu zusammengetragen wurde, ist vermutlich mehr als unmittelbar möglich ist. Deshalb ist die zuversichtliche Hoffnung zu ergänzen, dass das Wort Jesu an Simon auch erneut für den Bischof von Rom gilt: „Ich habe für dich gebetet.“

[1] *Johannes Paul II., Apostolisches Schreiben „Ordinatio sacerdotalis" vom 22. Mai 1994, n. 4: „Damit also jeder Zweifel bezüglich der bedeutenden Angelegenheit, die die göttliche Verfassung der Kirche selbst betrifft, beseitigt wird, erkläre ich kraft meines Amtes, die Brüder zu stärken (vgl. Lk 22,32), dass die Kirche keinerlei Vollmacht hat, Frauen die Priesterweihe zu spenden, und dass sich alle Gläubigen der Kirche endgültig an diese Entscheidung zu halten haben."*

GRIGORIOS LARENTZAKIS

Ökumenische und kirchliche Anliegen an den neuen Papst aus orthodoxer Sicht

Univ.-Prof. DDr. Grigorios LARENTZAKIS, *geboren 1942 in Chania/Kreta, Griechenland. Nach Studien der Orthodoxen Theologie in Chalki und Thessaloniki Dr. der Orth. Theologie 1983; der Kath. Theologie in Salzburg und Innsbruck, Dr. der Kath. Theol. 1969. Lehrtätigkeit in Graz, Wien, Linz, Krems, Genf. Zahlreiche Gastvorlesungen und Publikationen. Stv. Leiter der ökumenischen Stiftung PRO ORIENTE, Sektion Graz.*

Durch den für die meisten unerwarteten Rücktritt von Papst Benedikt XVI. entstand die Situation der Vakanz des päpstlichen Stuhls. Unabhängig von den vielen Kommentaren und Vermutungen bezüglich der Beweggründe für diesen Rücktritt muss man akzeptieren, dass dieser Rücktritt viel Mut voraussetzt, auch wenn nicht nur die physischen, altersbedingten Gründe ausschlaggebend wären. Er hat gezeigt, dass ein Rücktritt auch eines Papstes zum Wohl der Kirche und zu einem neuen möglichst unbeschwerten Beginn beitragen kann. Es ist ihm alles Gute und der Beistand Gottes für sein weiteres Leben zu wünschen.

Nach diesem Schritt ist es auch selbstverständlich, dass ein neuer Nachfolger für den Stuhl Petri gewählt wird, und dass alle, nicht nur die Katholiken, darauf gespannt sind. Es ist auch klar, dass diese Wahl eines Nachfolgers des Papstes primär eine innerrömisch-katholische Angelegenheit ist und niemand die Absicht hat, auch ich nicht, sich in diese innere Angelegenheit einzumischen. Wenn wir aber nach unserer Meinung oder sogar nach unseren Wünschen und Vorstellungen für einen neuen Papst gefragt werden, dann meine ich, dass es legitim und sinnvoll ist, auch diese Vorstellungen und Wünsche möglichst deutlich zu artikulieren.

Wenn ich als orthodoxer Theologe danach gefragt werde, werde ich versuchen, nicht innerrömisch-katholische Vorstellungen von seiner Amtsführung zu artikulieren, sondern in erster Linie ökumenische Wünsche auszusprechen, die für die Förderung des heiligen Anliegens der Wiederherstellung der kirchlichen *Communio* dienlich sein können. Denn tatsächlich kann und soll der Papst nicht nur reagieren, sondern auch initiativ wirken für eine effektive Förderung der Ökumene mit konkreten Ergebnissen. Meine Antwort werde ich nicht subjektiv aus mir heraus versuchen, sondern in der Aufnahme und Weiterführung von Äußerungen und Handlungen der letzten Päpste, die, wenn sie konsequent weitergeführt werden, für mich und für die Ökumene unserer Kirchen eine sehr positive Amtsführung auch des neuen Papstes sein kann.

Auf Grund meiner Erfahrungen und Informationen kann ich ohne weiteres behaupten, dass für diesen ökumenischen Weg der neue Papst nicht bei Null beginnen muss, sondern ein solides Fundament vorfinden wird.

DIE RÜCKKEHRFORDERUNG

Es war tatsächlich früher die Zeit, als die Päpste apologetisch gedacht und gehandelt haben und zwar auch bis zum Papst Johannes XXIII. D. h. es war selbstverständlich, dass auch die Päpste von einer *Rückkehr- und Unterwerfungs-Ökumene* gesprochen haben. Alle müssten zurückkehren in das Haus des Vaters, d. h. in die römisch-katholische Kirche, als ob alle von ihr weggegangen wären, und alle sollten sich unter die Jurisdiktion des Bischofs von Rom stellen, damit „eine Herde unter einem Hirten“ werde. Dies hat auch Papst Johannes XXIII. bei seiner ersten Radioansprache im Oktober 1958 in Richtung der Orthodoxen Kirche wiederholt. Mittelbar reagierte der Ökumenische Patriarch Athenagoras durch die Veröffentlichung einer Neujahrsbotschaft (1. 1. 1959) und die Entsendung eines Delegierten nach Rom (17. 3. 1959). In der Neujahrsbotschaft schlug der Patriarch eine Begegnung im „Geiste der Gleichheit, Gerechtigkeit, geistlichen Freiheit und gegenseitigen Achtung“[1] vor. Und im Gespräch mit dem Vertreter des Patriarchen und auf seine Hinweise hin, dass die Methode der Rückkehr nicht akzeptiert werden kann, wiederholte Johannes XXIII. die Rückkehrforderung nicht mehr, sondern er machte dem Vertreter des Patriarchen einen neuen Vorschlag: Wenn die Parole der Französischen Revolution *Freiheit, Brüderlichkeit, Gleichheit* nicht angewandt wird, wird es keinen Frieden zwischen den Völkern und keine Einheit zwischen den Kirchen geben! Überbringen Sie es dem Patriarchen, sagte der Papst. Tatsächlich schlug Johannes XXIII. eine damals ganz neue sehr wichtige Methode vor, die man nicht vergessen darf. Durch die Einberufung des II. Vatikanum ermöglichte er eine erneuernde Wende in der Geschichte nicht nur der römisch-katholischen Kirche, sondern auch eine neue Ära in den Beziehungen seiner Kirche mit der Gesamtchristenheit und eine neue Entwicklung des interreligiösen Dialogs. Dieser Papst hat also nicht nur durch konkrete Handlungen, sondern durch seinen offenen und mutigen Geist Entwicklungen initiiert, die vor ihm undenkbar gewesen wären.

Sein Nachfolger, Papst Paul VI., hat diesen Geist der Erneuerung fortgesetzt. Jedoch nicht so spektakulär und öffentlich wirksam, wie sein Vorgänger, mit der Konsequenz, dass er unter seinem „Wert“ beurteilt wird. Dieser Papst hat konkrete Schritte gesetzt, die theologisch, ekklesiologisch und ökumenisch von größter Bedeutung sind und enorme Konsequenzen hätten, wenn sie richtig erkannt, rezipiert und umgesetzt würden. Er hat das Erbe seines Vorgängers fortgesetzt, während er zugleich die oppositionellen Bewegungen auch mitberücksichtigen musste. Für die Beziehungen zwischen der römisch-katholischen und der Orthodoxen Kirche hat er konkrete Handlungen gesetzt, die für den weiteren positiven Weg dieser Beziehungen unabdingbar sind und zwar auf der Basis der *Communio Ecclesiarum.* Auf seine Auffassungen und Handlungen können seine Nachfolger, auch der von Papst Benedikt XVI., aufbauen. Es war nicht nur die mutige Fortsetzung des II. Vatikanums mit seinen ökumenisch relevanten Dokumenten, u. a. des Ökumenismusdekretes bezüglich der Kirchlichkeit der Orthodoxen Kirche. Durch den großen ersten ökumenischen Schritt, seine Begegnung mit dem großen Ökumenischen Patriarchen von Konstantinopel in Jerusalem im Jänner 1964, gelang der wichtigste Durchbruch in den Beziehungen der zwei Schwesterkirchen. Durch die „Aufhebung“ der Exkommunikationen zwischen Rom und Konstantinopel aus dem Jahre 1054 am 7. Dezember 1965 ist zwar die *Communio* nicht wiederhergestellt, da durch diese Exkommunikationen auch das Schisma nicht vollzogen wurde, aber es wurde ein großes Hindernis und ein großes psychologisches Problem „aus dem Gedächtnis und der Mitte der Kirche entfernt“. Das Ziel nach dieser „Aufhebung“ wurde sehr deutlich im gemeinsamen Kommuniqué formuliert: „Indem sie diese Geste vollziehen, hoffen sie, dass diese Gott gefalle, der schnell bereit ist, uns zu verzeihen, wenn wir einander verzeihen, und dass sie von der ganzen christlichen Welt, vor allem aber von der gesamten römisch-katholischen und orthodoxen Kirche gewürdigt werde als Ausdruck eines ehrlichen beidseitigen Willens zur Versöhnung und als Einladung, im Geist des Vertrauens, der gegenseitigen Hochachtung und Liebe den Dialog fortzusetzen, der sie mit der Hilfe Gottes dahin bringen wird, zum größeren Heil der Seelen und zum Anbruch des Reiches Gottes von neuem in der vollen Gemeinschaft des Glaubens, der brüderlichen Eintracht und des sakramentalen Lebens zu leben, wie sie im Lauf des ersten Jahrtausends des Lebens der Kirche zwischen ihnen bestand."[2] Von Rückkehr oder von Unterwerfung ist hier gar keine Rede, sondern „im Geist des Vertrauens der gegenseitigen Hochachtung und Liebe"! Das Ziel der vollen kirchlichen und sakramentalen Gemeinschaft ist auch klar, und das gemeinsame Fundament des ersten Jahrtausends ist sehr deutlich hervorgehoben. Das sind also die Fundamente und die Ausgangsposition, die hier gemeinsam im Hinblick auf die Zukunft akzeptiert werden. Das erste Jahrtausend wird übrigens immer wieder in den darauffolgenden Jahrzehnten als der gemeinsame Ausgangspunkt unserer Gemeinschaft erwähnt. Was bedeutet das auch für die kirchlichen Strukturen?

Papst Paul VI. weiß es ganz genau und er formuliert es auch ganz offen bei der Sitzung des Plenums des damaligen Einheitssekretariates im Jahre 1967: „Was haben wir zu der Schwierigkeit zu sagen, die unsere getrennten Brüder immer so stark empfinden: zu der, die sich aus der Aufgabe ergibt, welche Christus uns in der Kirche Gottes anvertraut und unsere Überlieferung mit soviel Nachdruck sanktioniert hat? Wir wissen es wohl: Der Papst ist ohne Zweifel das schwierigste Hindernis auf dem Wege des Ökumenismus. Was haben wir dazu zu sagen? Sollen wir uns einmal mehr auf die Titel berufen, die unsere Sendung rechtfertigen? Sollen wir einmal mehr versuchen, sie in ihren genauen Zügen, so, wie sie wirklich sein will, darzustellen: als unerlässliche Grundlage der Wahrheit, der Liebe, der Einheit? Als pastorale Sendung der Leitung, des Dienens, der Brüderlichkeit, die niemand, der in der Kirche Gottes eine rechtmäßige Stellung innehat, Freiheit und Ehre streitig macht, sondern die Rechte aller schützt und keinen anderen Gehorsam verlangt als den, der von den Kindern einer gleichen Familie gefordert wird? Es ist für uns nicht leicht, uns zu verteidigen. Ihr seid es vielmehr mit eurem Worte voll Aufrichtigkeit und Milde, denen diese Möglichkeit gegeben ist, wo sich Gelegenheiten dazu einstellen. Wir selber wollen in diesem Augenblick lieber in voller Ungetrübtheit schweigen und beten".[3]

Bei dieser Äußerung des Papstes fehlt überhaupt nichts an Deutlichkeit und Schärfe, und sie zeigt deutlich, in welchem Grade der Selbsterkenntnis der Papst selbst sich befindet. Es ist tatsächlich so, dass das Papsttum in seiner jetzigen Form das schwierigste Problem in der Ökumene darstellt, auch in den Beziehungen zwischen der Orthodoxen und der römisch-katholischen Kirche.
Zu dieser Äußerung des Papstes sagte Ekkart Sauser: „Diese Worte gehören sicher zu den tragischsten Aussprüchen Pauls VI. Sie stellen zugleich die schärfste Selbstkritik dar, die je

ein Papst in Richtung Ökumene geübt hat".[4] Giuseppe Alberigo dazu: „Eine so schwerwiegende Erklärung kann nicht nur eine bloße Zwischenbemerkung sein."[5]

Natürlich ist das eine sehr ernste Feststellung, und es gibt bereits vielerorts nicht nur bei den Nicht-Katholiken, sondern auch bei sehr vielen ernsthaft und objektiv, ohne übertriebene Apologetikmotivation arbeitenden römisch-katholischen Theologen viele Untersuchungen und konkrete Vorschläge in dieser Richtung, die hilfreich sind zur Lösung dieses Problems. Aber was bedeutet diese Äußerung eines Papstes in einer so zentralen Frage auch für seine kommenden Nachfolger?

EIN BRÜDERLICHER BESUCH

Papst Paul VI. hat noch andere konkrete Handlungen gesetzt, die nicht in Vergessenheit geraten dürfen: Als er im Juli 1967 seinen Besuch beim Ökumenischen Patriarchen Athenagoras in Konstantinopel ankündigt, schreibt er ihm, dass dieser Besuch ein brüderlicher Besuch sei, „damit die Bande des Glaubens, der Liebe und der Freundschaft verstärkt werden … ohne jegliche Bedingungen". Das Ziel dieses Besuchs sei die Förderung der Untersuchung, wie die beiden Kirchen die Wiederherstellung der vollen Communio unter der Führung des Heiligen Geistes erreichen können. In dieser Ankündigung bittet der Papst Patriarch Athenagoras, ihm die geeignetste Art und Weise vorzuschlagen, wie man am besten zu diesem Ziel gelangen kann!

Keine Aufforderung zur Rückkehr, keine Unterwerfung. Nicht einmal eigene Vorschläge diktiert der Papst, sondern er ersucht den Patriarchen zu überlegen, wie die beiden Kirchen zum ersehnten Ziel gelangen können! Der brennende Wunsch nach voller *Communio* „zum Lobpreis Gottes und zum Wohl der Gesamtkirche“ steht unmissverständlich im Vordergrund, der mit einer sehr deutlichen Ungeduld begleitet wird. Alle Dokumente des stattgefundenen Besuches sind wichtige Zeugen der schon vorhandenen tiefen Gemeinschaft beider Kirchen, die studiert und umgesetzt werden müssen. Der Papst spricht von der Einheit im Wesentlichen des Glaubens in der Vielfalt des kirchlichen Lebens. Für die kirchlichen Strukturen und im Zusammenhang mit dem Streitthema der absoluten päpstlichen Jurisdiktion formuliert der Papst sehr klar die eigene Position, die orthodoxerseits auch akzeptiert werden kann: „Die Liebe … spornt uns an, alles zu unternehmen, um den Anbruch dieses Tages des Herrn (der Konzelebration) zu beschleunigen. So sehen wir klarer, dass den Häuptern und den Hierarchien unserer Kirchen die Pflicht obliegt, die Kirchen auf den Weg zu bringen, der zur vollen *Communio* zurückführt. Sie müssen dies tun, indem sie einander als Hirten des *ihnen von Christus anvertrauten Teils der Herde* anerkennen und achten, für den Zusammenhang und das Wachstum des Gottesvolkes Sorge tragen und alles vermeiden, was es auseinandersprengen oder Verwirrung in es hineinbringen könnte.“[6] Leider sind solche Äußerungen kaum bekannt, geschweige denn rezipiert oder umgesetzt. Und ich meine, dass diese neu entdeckte und ausgesprochene Gesinnung nicht auf Dauer unberücksichtigt bleiben kann.

Dass diese soeben angesprochene Gesinnung des Papstes Paul VI. keine oberflächliche Äußerung war, sondern seine echte Überzeugung wiedergab, wird durch die unnachahmliche Geste dieses Papstes in der Sixtinischen Kapelle am deutlichsten zum Ausdruck gebracht, als er am 14. Dezember 1975, nach dem Gottesdienst anlässlich des zehnten Jahrestages der „Aufhebung“ der gegenseitigen Exkommunikationen, die Füße des Vertreters des Ökumenischen Patriarchen, des Metropoliten von Chalkedon Meliton küsste. Es mag sein, dass die Kommentare innerhalb beider Kirchen unterschiedlich waren. Eines kann ich aber mit Sicherheit sagen, diese außerordentliche Geste des Papstes hat einen enormen symbolischen Wert und sie hat bewiesen, wie ein Papst auch seine Autorität zum Ausdruck bringen kann. Natürlich meine ich auch nicht, dass alle Päpste solche Gesten setzen müssen. Es geht hier primär um den Geist und die Gesinnung eines Papstes und um die Kraft der Manifestation einer gegenseitigen Achtung und Respektierung der zwei Schwesterkirchen. Wo sind hier die früher üblichen Begriffe, die ich auch als Student in Innsbruck in der Ekklesiologie gelernt habe: *Rückkehr und Unterwerfung?* Nicht nur von orthodoxer Seite wurde diese Geste auch äußerst positiv wahrgenommen. Auch katholischerseits betonte der damalige Professor Joseph Ratzinger und spätere Papst Benedikt XVI. in seinem berühmten Grazer Vortrag: „Wer auf dem Boden der katholischen Theologie steht … kann andererseits unmöglich die Primatsgestalt des 19. und 20. Jahrhunderts für die einzig mögliche und allen Christen notwendige ansehen. Die symbolischen Gebärden Pauls VI., zuletzt der Kniefall vor dem Vertreter des Ökumenischen Patriarchen, wollen gerade dies ausdrücken und durch solche Zeichen aus dem Engpass des Gewordenen herausführen."[7] Wenn ich richtig sehe, muss ich hier nichts hinzufügen, sondern auf die Rezeption und Umsetzung solcher Positionen aus dem Kern der römisch-katholischen Kirche hoffen.

Hilfreich wäre noch die Rezeption einer anderen schwerwiegenden Feststellung des Papstes Paul VI. bezüglich der Differenzierung der gemeinsamen sieben Ökumenischen Konzilien des ersten Jahrtausends von den Allgemeinen Synoden des Westens, die dieser Papst im Jahre 1974, anlässlich des Jubiläums des II. Konzils von Lyon, das er die 6. *Allgemeine Synode des Westens* bezeichnete. Diese Differenzierung mit großen ekklesiologischen Konsequenzen wurde von vielen römisch-katholischen Theologen wahrgenommen, die von einem neuen Rezeptionsprozess der Konzilien ihrer Kirche sprechen und auf alle Fälle die Relativierung und Hinfälligkeit des Ausdrucks *Ökumenische Konzilien* der Römisch-Katholischen Kirche attestieren.[8] Ökumenisch und konziliengeschichtlich wichtig wäre eine gemeinsame offizielle Feststellung, dass unsere zwei Kirchen, vielleicht auch andere, die gemeinsamen sieben Ökumenischen Konzilien des ersten Jahrtausends als verpflichtend rezipieren bzw. wieder anerkennen.

Natürlich weiß ich auch, dass dieser Papst, wie auch das II. Vatikanum überhaupt papstbetonte Äußerungen gemacht haben. Aber seine Haltung einer Neubesinnung auf die Papstfrage ist ebenfalls offenkundig und unmissverständlich.

DIE ÖKUMENE-ENZYKLIKA

Auch Papst Johannes Paul II. kannte diese ganze Problematik, machte immer wieder wichtige Feststellungen, die aber kaum wahrgenommen, auch nicht rezipiert wurden. Er sagte auch wörtlich: „Mein Vorgänger Paul hat manchmal gesagt: Das größte Hindernis bin ich.“[9] Und das meinte er auch selber. Immer wieder betonte er die Notwendigkeit der gemeinsamen ökumenischen Aufarbeitung der Papstfrage. Das hat er beim Besuch des Ökumenischen Patriarchen Dimitrios in Rom am 6. Dezember 1987 gesagt, und er wiederholte es in Salzburg, in der evangelischen Christuskirche vor den Vertretern aller österreichischen Kirchen am 26. Juni 1988. Dies hat er sich auch in seiner Ökumene-Enzyklika *Ut unum sint* gewünscht: „(95) Als ich mich an den ökumenischen Patriarchen, Seine Heiligkeit Dimitrios I., wandte, habe ich gesagt, ich sei mir bewusst, dass sich aus sehr verschiedenen Gründen und gegen den Willen der einen wie der anderen das, was ein Dienst sein sollte, unter einem ganz anderen Licht zeigen konnte. Aber aus dem Wunsch, wirklich dem Willen Christi zu gehorchen, sehe ich mich als Bischof von Rom dazu gerufen, diesen Dienst auszuüben. Der Heilige Geist schenke uns sein Licht und erleuchte alle Bischöfe und Theologen unserer Kirchen, damit wir ganz offensichtlich miteinander die Formen finden können, in denen dieser Dienst einen von den einen und anderen anerkannten Dienst der Liebe zu verwirklichen vermag“. (96) Eine ungeheure Aufgabe, die wir nicht zurückweisen können und die ich allein nicht zu Ende bringen kann. Könnte die zwischen uns allen bereits real bestehende, wenn auch unvollkommene Gemeinschaft nicht die kirchlichen Verantwortlichen und ihre Theologen dazu veranlassen, über dieses Thema mit mir einen brüderlichen, geduldigen Dialog aufzunehmen, bei dem wir jenseits fruchtloser Polemiken einander anhören könnten, wobei wir einzig und allein den Willen Christi für seine Kirche im Sinne haben und uns von seinem Gebetsruf durchdringen lassen: „... sollen auch sie eins sein, damit die Welt glaubt, dass du mich gesandt hast“ (*Joh* 17,21)“?

Bischof Walter Kasper betonte in einem Referat in Graz, daß der vom Papst Johannes Paul II. gewünschte „ökumenische Dialog nur dann sinnvoll geführt werden kann, wenn er zu einer neuen geschichtlichen Gestaltwerdung des Petrusamtes führt, die vermutlich der Gestalt, welche es im ersten Jahrtausend hatte, nahekommen bzw. sie in einer den gewandelten Zeit- und Kirchenverhältnissen entsprechen Weise erneuern wird.[10] Und wir haben bereits gesehen, dass Walter Kasper selbst weiß, dass im ersten Jahrtausend es die Communio-Ekklesiologie war, welche im 11. Jahrhundert im Westen zur „Einheits-Ekklesiologie unter dem Papst“ gewandelt wurde.[11]

Wann wird also dieser auch vom Papst Johannes Paul II. gewünschte gemeinsame ökumenische Dialog mit entsprechenden Konsequenzen geführt?
Dazu ist es wichtig, die Überzeugung der Existenz von *Schwesterkirchen* manifest zu machen. Das bedeutet konkret, dass die Voraussetzungen geschaffen werden müssen, damit die Regionalkirchen, die als Patriarchate in der Frühkirche

des 1. Jahrtausends existiert haben und heute noch existieren, inklusive des Patriarchates des Westens, mit ihrer jeweiligen Autonomie, jedoch in der vollen kirchlichen und sakramentalen Gemeinschaft, als gleichwertige *Schwesterkirchen* wieder anerkannt werden. Auch Papst Johannes Paul II. erwähnt in seiner Ökumene-Enzyklika die Existenz der *Schwesterkirchen* innerhalb der Römisch-Katholischen und der Orthodoxen Kirche, und er erinnert an die kirchliche Struktur des 1. Jahrtausends, die für uns heute hilfreich sein kann. Allerdings muss hier erwähnt werden, dass die Gleichwertigkeit und die Autonomie der Patriarchate, dieser *Schwesterkirchen,* gewahrt bleiben muss und nicht die mittelalterliche westliche Auffassung von den Patriarchaten gemeint wird, nach der diese Patriarchate alle ihre Rechte vom Papst verliehen bekommen haben. Auch nicht durch Teilunionen und Unterordnungen von „Teilkirchen" unter der Jurisdiktion des Bischofs von Rom. Das dadurch entstandene Problem muss noch behandelt werden und es darf nicht als unantastbares Thema oder als abgeschlossene Sache betrachtet werden. Dies würde nicht nur den Dialog erschweren, sondern ihn unmöglich machen.

In der Auffassung der *Communio Ecclesiarum,* der *Koinonia* von mehreren autonomen oder, in der heutigen Sprache der Orthodoxen Kirche, von mehreren Autokephalen Schwesterkirchen mit einem Ersten an der Spitze, sei es Patriarch oder Erzbischof, kann es einen Ersten für alle Kirchen Christi geben, aber nicht einen Höchsten als absoluten Souverän auf der einen Seite und weisungsgebundene Untergebene auf der anderen. Also einen *primus inter pares* im

Dienste der Gesamtkirche. So hat Patriarch Athenagoras Papst Paul VI. in Konstantinopel begrüßt: „Und siehe, wir haben in unserer Mitte, gegen jede menschliche Erwartung, den Bischof von Rom, den ersten von uns, der Ehre nach, ‚den Vorsitzenden der Liebe' (Ignatius, an die Römer Vorwort, PG 5,801)."[12]

Dieser Gruß des Patriarchen Athenagoras führt uns zu Papst Benedikt XVI., der sich eingehend mit dieser Grußformel beschäftigt hat. Seine Schlussfolgerung, zunächst in Wien im Jahre 1974, lautet: „Es ist klar, dass der Patriarch damit nicht den ostkirchlichen Boden verlässt und sich nicht zu einem westlichen Jurisdiktionsprimat bekennt. Aber er stellt deutlich heraus, was der Osten über die Reihenfolge der an Rang und Recht gleichen Bischöfe der Kirche zu sagen hat und es wäre nun doch der Mühe wert zu überlegen, ob dieses archaische Bekenntnis, das von ‚Jurisdiktionsprimat' nichts weiß, aber eine Erststellung an Ehre (timé) und Agape bekennt, nicht doch als eine dem Kern der Sache genügende Sicht der Stellung Roms in der Kirche gewertet werden könnte".[13] Dann aber noch konkreter im Jänner 1976 in Graz: „Rom muß vom Osten nicht mehr an Primatslehre fordern, als auch im ersten Jahrtausend formuliert und gelebt wurde. Wenn Patriarch Athenagoras am 25. 7. 1967 beim Besuch des Papstes im Phanar diesen als Nachfolger Petri, als den ersten an Ehre unter uns, den Vorsitzenden der Liebe, benannte, findet sich im Mund dieses großen Kirchenführers der wesentliche Gehalt der Primatsaussagen des ersten Jahrtausends, und mehr muß Rom nicht verlangen".[14] Als Papst Benedikt XVI. am 30. 11. 2006 in Konstantinopel war, wiederholte er bei der Liturgie des hl. Andreas den Vorschlag seines Vorgängers für den ökumenischen Dialog. Bei der Gemeinsamen Erklärung mit dem Ökumenischen Patriarchen Bartholomaios stellten sie fest, dass nach der Aufhebung der Exkommunikationen die möglichen Konsequenzen auch noch nicht gezogen wurden …

Papst Benedikt XVI. konnte aber all das, was er 1976 als Wunsch an Rom gerichtet hat und was er selbst auch als Papst immer wieder gesagt hat, nicht verwirklichen. Hätte er es getan, wäre er in die Geschichte als der „Unionspapst" eingegangen.

Hier möchte ich in der Überzeugung schließen, dass die Anliegen eines orthodoxen Theologen, die der neue Papst aufgrund vieler konkreter Äußerungen seiner Vorgänger und vieler Beschlüsse des II. Vatikanums wahrzunehmen hat, deutlich geworden sind:

Das bedeutet einen Papst, der die kollegiale und synodale Struktur der Kirche fördern wird, die Einheit in der Vielfalt und die *Communio Ecclesiarum* in der Gemeinschaft von autonomen Schwesterkirchen. Dabei können die Kirchengeschichte des ersten Jahrtausends in der Struktur der Pentarchie und die Entscheidungen der gemeinsamen Ökumenischen Konzilien viele wichtige Lösungsmöglichkeiten bieten, ohne sie zu kopieren. Die Einbeziehung der heutigen Bedürfnisse der Gesamtkirche müssen ebenfalls nach gemeinsamen Überlegungen im ökumenischen Dialog mitberücksichtigt werden. Dazu gibt es sehr viele überzeugende

Ergebnisse und Vorschläge vieler auch römisch-katholischer Theologen.

Von orthodoxer Seite kann es ohne weiteres innerhalb dieser Gemeinschaft von Schwesterkirchen auch einen Ersten geben, einen *primus inter pares,* den Bischof und Papst von Rom.

Dieser Primus, der Erste der Gesamtkirche, der Bischof und Papst von Rom, hätte also in der vereinten Kirche nicht nur einen bloßen Ehrenprimat, sondern konkrete Pflichten und Aufgaben, ja auch Rechte im Dienste der Gesamtkirche: das Initiativrecht, das Einberufungsrecht, das Vorsitzrecht, das Koordinationsrecht usw. oder was immer in der heutigen Zeit für wichtig und notwendig für die Gesamtkirche und für das Heil aller Menschen gemeinsam vereinbart wird. Auch die Einberufung und Abhaltung eines echten Ökumenischen Konzils für die Gesamtkirche, dessen Vorsitzender der Papst von Rom sein kann, liegt im Bereich dieser Möglichkeiten.

In diesem Sinne wünsche ich der römisch-katholischen Schwesterkirche einen neuen würdigen Papst, der für die Gesamtkirche Christi seine Dienste zur Verfügung stellen kann.

[1] *Tomos Agapis, Dokumentation zum Dialog der Liebe zwischen dem Hl. Stuhl und dem Ökumenischen Patriarchat 1958–1976. Deutsche Übersetzung des Dokumentationsbandes über den Austausch von Besuchen, Dokumenten und Botschaften zwischen dem Vatikan und dem Phanar samt einem Anhang über das 10-Jahres-Jubiläum der Aufhebung der Anathemata, das in Rom und in Phanar am 14. Dezember 1975 begangen wurde ... hg. v. Pro Oriente, Nr. 5, Innsbruck 1978, S. 13.*

[2] *Tomos Agapis, Nr. 127, S. 88*

[3] *Ansprache Papst Pauls VI. an die Jahresversammlung des Sekretariates für die Einheit der Christen (28. April 1967), in: The Secretariat for Promoting Christian Unity. Vatican. City. Information Service 2 (1967), S. 4f*

[4] *E. Sauser, So nahe steht uns die Ostkirche, Frankfurt am Main 1980, 84*

[5] *A. Giuseppe, Für ein zum Dienst an der Kirche erneuertes Papsttum, in: Concilium 11(1975)524*

[6] *Tomos Agapis Nr. 172, S. 114*

[7] *Joseph Ratzinger, Prognosen für die Zukunft des Ökumenismus, Ökumenisches Forum 1(1977), S. 36*

[8] *Grigorios Larentzakis, Konziliarität und Kirchengemeinschaft. Papst Paul VI. und die Konzilien der römisch-katholischen Kirche. Zukunftsüberlegungen. In: Reinhard Messner/Rudolf Pranzl (Hg.) Haec sacrosancta synodus. Konzils- und kirchengeschichtliche Beiträge, Regensburg 2006, S.285–316*

[9] *In: Einheit durch Vielfalt. Rezension zu Oscar Cullmann, Einheit durch Vielfalt. Grundlegung und Beitrag zur Diskussion über die Möglichkeit ihrer Verwirklichung. Tübingen 1986, in: Materialdienst 38 (1987), S. 23*

[10] *Walter Kasper, Zur Theologie und Praxis des bischöflichen Amtes, in: Bischofsbestellung. Mitwirkung der Ortskirche? Hg. v. Bernhard Körner, Maria Elisabeth Aigner, Georg Eichberger, mit einer kommentierten Bibliographie zum Thema Demokratie in der Kirche von Peter Inhoffen und Michael Hölzl, Graz 2000, S. 31f*

[11] *Walter Kasper, Das Petrusamt als Dienst der Einheit. Die Lehre des I. und II. Vatikanischen Konzils und die gegenwärtige Diskussion, in: Das Papstamt. Dienst oder Hindenis für die Ökumene? Vasilios von Aristi, Josef Blank, Heinrich Fries u.a. Regensburg 1985, S. 115.*

[12] *Tomos Agapis, Nr.173, S. 115*

[13] *Joseph Ratzinger, Anathema-Schisma. Die ekklesiologischen Folgerungen der Aufhebung der Anathemata, in: Auf dem Weg zur Einheit des Glaubens, hg. v. Pro Oriente, Innsbruck 1976, S. 110.*

[14] *Joseph Ratzinger, Prognosen für die Zukunft des Ökumenismus, in: Ökumenisches Forum 1(1977) S. 36–37*

ANDREA LEHNER-HARTMANN

Vielfalt inner- und außerhalb der Kirche: Krise oder Chance?

Ao. Univ-Prof. MMag. Dr. Andrea LEHNER-HARTMANN
Leiterin des Instituts für Praktische Theologie; Vorsitzende der Arbeitsgemeinschaft der ReligionspädagogInnen an Universitäten und Hochschulen in Österreich; tätig im Bereich Religionspädagogik und Katechetik; arbeitet u. a. zu den Themen religiöses Lernen, (sexuelle) Gewalt in Familien und Schulen, geschlechtergerechter (Religions)Unterricht,

Die Kirche steht als weltumspannende Institution aufgrund unterschiedlicher und ungleichzeitiger Entwicklungen in verschiedenen Kontinenten, Ländern und Regionen vor großen Herausforderungen. Das Christentum muss in seinen unterschiedlichen konfessionellen und kulturellen Ausprägungen seine Gestalt in der jeweiligen Zeit und an den jeweiligen Orten immer wieder neu suchen und finden. Dies hat Auswirkungen auf die Leitungsfrage. Die nun anstehende Papstwahl ist Anstoß, darüber nachzudenken, wie dieses Leitungsamt beschaffen sein soll, damit die römisch-katholische Kirche im Umgang mit den Zeichen der Zeit manövrierfähig bleibt. Exemplarisch soll dies aus europäischer Perspektive an einigen Punkten verdeutlicht werden.

DER FÜLLE AUCH IM WIDERSTÄNDIGEN AUF DER SPUR

Ein Kennzeichen moderner Gesellschaften und globaler Entwicklung ist, dass sich homogene Milieus zunehmend auflösen; in manchen Teilen dieser Welt schneller als in anderen. Die damit einhergehende kulturelle und religiöse Vielfalt stellt die römisch-katholische Kirche einerseits in Konkurrenz mit anderen Sinnanbietern und andererseits verlangt es ihr auch für den kirchlichen Binnenbereich Pluralitätskompetenz ab. Hinsichtlich der zentralen Aufgabe des Papsttums, Sorge für die Einheit der Kirche zu tragen, stellt sich die Frage, wie dies sinnvoll bewältigt werden kann.

Die römisch-katholische Kirche ist in der derzeitigen Realverfassung sehr eurozentrisch organisiert. Mit einem zukünftigen Papst aus dem afrikanischen, asiatischen oder lateinamerikanischen Kontext könnte diese Verengung auf andere Sicht- und Lebensweisen hin geweitet werden. Dies wäre aber nur dann der Fall, wenn diese Person auch bisher schon das Christentum in konstruktiver Auseinandersetzung mit ihren Herkunftstraditionen und -kulturen gelebt und nicht nur als verlängerter Arm einer römischen Sichtweise agiert hat. Dass die Botschaft Jesu Christi in den unterschiedlichen kulturellen Kontexten ihre je spezifischen Ausformungen erhält und auch unabdingbar benötigt, muss als Chance zur Verlebendigung der einen Kirche und nicht als Bedrohung von Einheit Gestalt gewinnen.

Pluralitätskompetenz im innerkirchlichen Bereich zu entwickeln, stellt aber nicht nur eine Herausforderung an den zukünftigen Papst dar, sondern fordert die Kirche als Ganze heraus. Dazu ist es notwendig, dass Fähigkeiten entwickelt werden, die im Vertrauen auf die Wirkmächtigkeit der Botschaft Jesu Christi die ernsthafte und nicht nur ab- und ausgrenzende Begegnung und Auseinandersetzung mit unterschiedlichen christlichen und außerchristlichen Positionen und Lebensformen suchen.

Pluralitätsfähigkeit bedeutet dann, sich auf die Suche nach der Wahrheit aus dem vertrauten und bekannten Terrain eines homogenen monokonfessionellen Milieus hinauszuwagen und sich auch auf das Widerständige und Widerspenstige bis hin zum Widerwärtigen dieser Welt einzulassen, um darin die Botschaft Gottes zu vernehmen. Dies schließt an die jesuanische Praxis an, die sich den Ausgestoßenen bedingungslos zuwandte und daran das Evangelium konkret werden ließ. Weil Jesus sich den Menschen an den Rändern der Gesellschaft nicht nur individuell heilend zuwandte, sondern in ihrem Hereinholen in die Gemeinschaft aufdeckte, wo menschenverachtende Mechanismen am Werk sind, war damit auch eine massive Kritik an bisherigen Traditionen und Normen verbunden. In Zukunft wird vermehrt gefordert sein, Kritik als Problemanzeige wahrnehmen zu können.

Die Botschaft Gottes in der Hl. Schrift wurde in historisch-kontextueller Gestalt überliefert und verlangt deshalb auch nach kontextueller Einholung in der jeweiligen Zeit. Dies hat die Notwendigkeit zur Folge, bisher gültige und plausible Sichtweisen in Frage zu stellen und auf neue Erkenntnisse hin offen zu werden. Im Widerständigen auch das Wirken des Geistes Gottes erkennen zu können, erzwingt gewissermaßen eine Neubesinnung auf die Fragen, wer der Mensch vor Gott ist und sein darf und woran sich kirchenamtliche Äußerungen im Dienst an der Einheit vorrangig zu orientieren haben.

So könnte sich – um ein Beispiel zu nennen – an den aktuellen Diskussionen um neue Lebens- und Beziehungsformen die Frage stellen, ob vorrangig weiterhin eine Orientierung an sexualmoralischen Normen oder nicht vielmehr eine Orientierung am Wert liebevoller tragfähiger Beziehungen auf Dauer erfolgen soll. Ein Perspektivenwechsel dieser

Art könnte dazu führen, dass man nicht nur *über* die Betroffenen, sondern *mit* ihnen redet. Über deren Motive und Erfahrungen ließe sich erkunden, dass viele ihre Lebensform nicht immer frei gewählt haben, sondern diese das Produkt unterschiedlicher Erlebnisse und Lebensentwicklungen darstellt; so z. B. auch bei Menschen aus sogenannten „Regenbogenbeziehungen", deren Erfahrungen sich erst im Laufe des Lebens, oftmals über den Umweg größter Schwierigkeiten und Enttäuschungen bis hin zu menschenverachtenden Diskriminierungen, zu einer Gewissheit für ihre Empfindungen verdichtet haben. Anstatt der Angst vor der Gefährdung traditioneller Ehe- und Familienformen sollte die Frage nach der schöpfungstheologischen Absicht solcher Empfindungen in den Vordergrund treten und zu neuen Antworten drängen. Dienst an der Einheit würde bedeuten, diesen Perspektivenwechsel zuzulassen und zu fördern.

Eine Kirche, die gelernt hat, mit der Spannung, dass die Botschaft Gottes in verschiedenen Kontexten in notwendiger unterschiedlicher Schwerpunktsetzung ausgelegt und gelebt wird, konstruktiv umzugehen, erweist sich zudem als kompetente Ansprechpartnerin über die Grenzen der Kirche hinaus. Ein konstruktiver Umgang mit Vielfalt innerhalb der römisch-katholischen Kirche, der neben dem Bemühen um Verstehen auch den Umgang mit Konflikten einschließt, sensibilisiert für die Anforderungen im Hinblick auf die kleine wie die große Ökumene. Eine Kirche, die nach innen pluralitätsfähig ist, kann auch nach außen als ernst zu nehmende Gesprächspartnerin auftreten, ohne Ängste der Vereinnahmung zu verbreiten oder sich selber durch Verlustängste zu behindern.

BEWAHRENDER ODER BEWÄHRENDER UMGANG MIT WAHRHEIT UND TRADITION?

Dieser angesprochene Perspektivenwechsel macht deutlich, dass ein Verständnis von Kirche als Hüterin der Wahrheit dem dynamischen Aspekt des Entdeckens von Wahrheit Geltung verleiht. Glaubenswahrheit stellt keine objektive Größe dar, die den Menschen von einer höheren Instanz nur vermittelt werden müsste, sondern sie muss glaubend erfahren werden können. Im Bewusstsein, dass die Wahrheit in Jesus Christus sich auf ihre Erfüllung zu bewegt und letztgültig erst eschatologisch einholbar ist, kann auch die Kirche auf Wahrheit nicht im Sinne eines festen Besitzes verweisen. Vielmehr kommt ihr die Aufgabe der Wahrheitsfindung zu, die sie dazu herausfordert, sich auf die beständige Suche nach Wahrheit zu begeben und die Menschen in ihrer Suche zu begleiten und zu unterstützen.

Das II. Vatikanische Konzil hat zudem richtungsweisend formuliert, dass die Wahrheit sich auch in den anderen Religionen finden lässt. Somit ist eine Kommunikation mit anderen Religionen auf Augenhöhe ein Gebot der Stunde, um den Prozess der Wahrheitssuche aufrechtzuerhalten. Weil sich Wahrheit nicht definitorisch festhalten lässt, sondern bewähren muss, hat dies auch weitreichende Auswirkungen auf das Verständnis von Tradition.
Mit Wahrheitsfindung kommt das prozessuale Moment von Tradition ins Spiel. Damit die Botschaft Jesu auch den Frauen und Männern der Gegenwart zugänglich ist, gilt es dieses dynamische Verständnis gegenüber einem statischen

Missverständnis stark zu machen, welches im unveränderlichen Bewahren althergebrachter Riten, Glaubenssätze und Glaubensvollzüge die christliche Religion zu einem Mausoleum erstarren lässt. In Auseinandersetzung mit der Welt soll die Botschaft Jesu Christi in transformierter Form als widerständiger Impuls, als Gegenrede oder als Ermunterung in die Weltgemeinschaft eingespeist werden: überall dort, wo wirtschaftliche Interessen vor das Wohl der Menschen gestellt werden, wo die ökologischen Veränderungen die Lebensgrundlage für nachkommende Generationen bedrohen oder wo Menschen durch Gewalt, Flucht, Armut an einem menschenwürdigen Leben gehindert werden, aber auch dort, wo Menschen auf Vorteile und Profit verzichten und sich für andere einsetzen. Ein Papst, der auch im 21. Jahrhundert gehört werden möchte, muss deutlich machen, dass Tradition nicht in der Rückwärtsbewegung verharrt, sondern aus dem Rückgriff auf die Botschaft Jesu Perspektiven für ein menschenfreundliches Leben zu entwickeln und mit Verweis auf die Autorität Gottes gegenüber menschenfeindlichen Entwicklungen aufzutreten vermag.

WIDER EINEN LEBENSBEDROHLICHEN ZENTRALISMUS

Wie Kirche den Umgang mit Vielfalt über die verschiedenen Kontinente hinweg zu managen versteht, wird sich vor allem auch daran zeigen, ob es gelingt, dies in den Strukturen der Kirche sichtbarer abzubilden. Hier stehen vor allem Fragen der Partizipation im Raum, die eine Belebung des

Prinzips der bischöflichen Kollegialität ebenso umfassen wie eine Beteiligung des Kirchenvolkes auf den unterschiedlichen Entscheidungsebenen, insbesondere unter Berücksichtigung von Frauen und marginalisierten Gruppen. Ein Papst der Zukunft wird daran gemessen werden, wie es ihm gelingt, in dem komplexen Gebilde von Kirche, das über keine demokratische Struktur verfügt, die innerkirchliche Pluralität so abzubilden, dass diese einflussgebend in den Ämtern, Aufgaben und getroffenen Entscheidungen zum Tragen kommt.

Dem steht zunächst entgegen, dass zentralistischen Institutionen inhärent ist, Pluralität nicht als Chance, sondern als ein zu überwindendes Phänomen anzusehen. Um die Gefahr des Pluralismus abzuwehren, werden nicht selten Bündnisse mit anderen Mächtigen eingegangen. Diese Verführung zur Kollaboration mit den Mächtigen schwebt auch über der römisch-katholischen Kirche, wie ein Blick in die Kirchengeschichte zeigt. Dem lässt sich auch durch eine Betonung des Amtes als „Dienst" nicht entkommen. Eine spiritualisierende Rede vom Amt als Dienst arbeitet einer Verschleierung von Machtmechanismen oftmals sogar zu. Demgegenüber bedarf es einer klaren Unterscheidung zwischen dem konkreten Amtshandeln und seinen Auswirkungen, die sich aus den Machtbefugnissen des Amtes ergeben und der Geisteshaltung des Dienens, die biblisch aufgetragen ist. Da es an geeigneten Kontrollinstanzen mangelt, bleibt dies bisher an die Einschätzung und Ausgestaltung des jeweiligen Amtsträgers gebunden, was notgedrungen zu Falscheinschätzungen und Fehlentwicklungen führen muss, die im Extremfall sogar Menschenleben gefährden können. Wenn Ordensleute, Priester und Laien vorrangig in außereuropäischen Gebieten in ihrem aus dem Evangelium motivierten Einsatz für gerechtere Lebensbedingungen einem lebensbedrohlich erhöhtem Risiko ausgesetzt sind, wenn die Kirchenleitung keine klaren Worte gegen Ausbeutung und Unterdrückung findet oder sogar mit den Machthabern kollaboriert, dann riskiert Kirche damit, den Auftrag und die Botschaft Jesu Christi selbst zu pervertieren. Sie verwirkt ihren prophetischen Dienst, wenn sie die Autorität des Evangeliums menschenfeindlichen Autoritäten unterordnet.

Seit der Moderne gerät die Kirche durch ihre monokratische Verfasstheit zunehmend – nicht zuletzt auch durch den Demokratisierungsschub, der mit dem Großprojekt „Europäische Union" quer durch Europa in Gang gesetzt wurde – in starke Opposition zu demokratisch verfassten Institutionen und Staatsgebilden. Sowohl die unterschiedlichen Herausforderungen auf den verschiedenen Kontinenten als auch die Gefährdungen, die zentralistischen Organisationen inhärent sind, lassen es immer schwieriger erscheinen, die Kirche zentralistisch angemessen leiten zu können. Demokratisierende Prozesse scheinen unumgänglich zu sein, ohne dass diese in Demokratie alleine aufgehen müssen. Der Gefahr des Machtmissbrauchs gilt es durch eine Ermächtigung von Frauen und Männern in der Kirche zu begegnen.

DIE KIRCHE ALS ERNST NEHMENDE UND ERNST ZU NEHMENDE DIALOGPARTNERIN

Aus europäischer Perspektive betrachtet, lässt sich feststellen, dass viele Menschen keinen ungebrochenen Zugang zu den christlichen Lebensweisen und -weisheiten (mehr) haben. Dies erfordert von einer zukünftigen Leitung, vermehrt auf Kontextualisierungen im Leben der Menschen heute Rücksicht zu nehmen. Vorrangig gilt dies für die theologische Binnensprache und die liturgischen Ausdrucksformen. Auf die Menschen hin sprachfähig zu werden setzt voraus, dass paternalistisches Denken und Handeln für und im Namen der Menschen in ein Leben und Handeln mit den Menschen transformiert wird. Frauen und Männer als religionskompetent wahrzunehmen, ihnen religiöse Sprach- und Ausdrucksfähigkeit zuzutrauen und darin auch den Umweg über die Häresie zu riskieren, eröffnet der Kirche ungeahnte Lernchancen. So könnte ein Einblick in die Vielfalt an möglichen Verstehens- und Ausdrucksformen dazu führen, dass der Einheitsdienst nicht in erster Linie über das Sanktionieren wahrgenommen wird, sondern im Sichtbar- und Fruchtbarmachen der unterschiedlichen christlichen Existenzweisen füreinander. Eine in diesem Sinne lernende Kirche bezeugt glaubwürdig, dass sie eine dienende ist.

Um der eigenen Glaubwürdigkeit willen als Dialogpartnerin auch im Bereich von Wissenschaft ernst genommen zu werden, bedarf es einer fundierten wissenschaftlichen Auseinandersetzung mit jenen Positionen und Weltanschauungen, die dem eigenen Denken zunächst fremd oder zu widersprechen scheinen. Durch abwertende und abwehrende Haltungen, die sich in undifferenzierten Argumenten einer ernsthaften Auseinandersetzung verweigern, wie dies jüngst im Hinblick auf Gendertheorien geschah, geht die Kirche als notwendige Gesprächspartnerin verloren.

Dass Kirche im 21. Jahrhundert die Begegnung mit den pluralen, mehr oder weniger ausdifferenzierten religiösen und weltanschaulichen Positionen und Lebensformen als Chance zu Selbstkritik *(ecclesia semper reformanda)* und einer damit verbundenen Verlebendigung der Botschaft des Evangeliums zum Wohle vor allem der vergessenen, übersehenen und verletzten Frauen, Männer und Kinder nützen kann, sei ihr als *global player* in der Welt zu wünschen. Dies von einer Person alleine erwarten zu wollen, wäre vermessen. Was von ihr aber erwartet werden kann, ist, dass sie in ihrer Amtszeit die nötigen nächsten Schritte zur Verwirklichung einleitet und die Umsetzung nicht zentralistisch totalitär, sondern unter beteiligender Einbeziehung der Stimmen aus verschiedenen Kulturen, Geschlechtern und Generationen durchführt.

SR. BEATRIX MAYRHOFER SSND

Herr, du kennst die Herzen aller; zeige, wen du erwählt hast!

APG 1,24

GEDANKEN EINER ORDENSFRAU ZUR WAHL DES NEUEN PAPSTES

Sr. Dr. Beatrix MAYRHOFER SSND
Jahrgang 1948, Studium in Wien und Regensburg; Dr. phil und Mag. theol. Von 1968–2010 Lehrerin, seit 1992 Leiterin des Privatgymasiums Friesgasse in Wien Fünfhaus. 1971 Eintritt in die Ordensgemeinschaft, seit 2010 verantwortlich für die Schwestern in Österreich und Italien, seit Jänner 2013 Präsidentin der Vereinigung der Frauenorden Österreichs.

Herr, du kennst die Herzen aller; zeige, wen von diesen beiden du erwählt hast, diesen Dienst und dieses Apostelamt zu übernehmen!" – so beten die Jünger und das Los fällt auf Matthias. Der Vers im ersten Kapitel der Apostelgeschichte ist für mich bei jeder Wahl, die ich in der Ordensgemeinschaft schon miterlebt habe, ein großer Trost, eine Quelle der Hoffnung und Zuversicht. Der Herr geht mit und der Herr zeigt seinen Willen denen, die aufrichtig danach fragen und darum bitten.

Meine Gedanken über die Anforderungen und die Erwartungen an den neuen Papst sind zunächst und vor allem von dem Vertrauen getragen, dass der Herr der Kirche und des ganzen Universums voll Liebe auf den Mann schaut, auf den das Los fällt, der die erforderliche Mehrheit der Stimmen erhalten und das Amt annehmen wird.

Bevor ich jedoch über Anforderungen und Erwartungen spreche, möchte ich als Ordensfrau einige Überlegungen zum Wahlvorgang selbst einbringen. Wir Ordensleute haben ja eine lange, Jahrhunderte alte Tradition und Erfahrung in der Bestellung von Leiterinnen und Leitern einer Gemeinschaft. Es gibt hier einen Erfahrungsschatz aus der Welt der Ordensleute, der der gesamten Kirche und ihren Entscheidungsprozessen dienen könnte.

DER WAHLPROZESS: EIN PASCHAEREIGNIS

An den 28. Oktober 1958 erinnere ich mich noch gut. Ich war 10 Jahre alt und mit meiner Schwester allein zuhause.

Die Eltern waren in der Rosenkranzandacht. Wir Kinder durften Radio hören und wussten so schon vor den Eltern, dass ein neuer Papst gewählt worden ist. Wir beide haben den Satz eingeübt und voller Aufregung den Eltern aufgesagt: „Wir haben einen neuen Papst. Er heißt Johannes."

Eine Papstwahl habe ich seither viermal mitverfolgt. Als Ordensfrau habe ich in meiner Gemeinschaft aber schon viele Wahlprozesse miterlebt, auch mit erlitten.

Erst im Herbst 2012 haben wir eine neue Generalleitung gewählt – nach den in unserer Lebensregel vorgesehenen Richtlinien. Nun kann man die Wahl einer Oberin nicht mit dem Konklave vergleichen. Und doch glaube ich, dass es für eine Wahl im kirchlichen Kontext ähnliche Grundlinien gibt.

Das Gebet vor der Wahl des Matthias, das uns Lukas in der Apostelgeschichte überliefert, ist für uns immer ein Leitmotiv in der Vorbereitung einer Wahl. Die Vorgangsweise ist natürlich in jeder Ordensgemeinschaft unterschiedlich, zutiefst auch geprägt von der jeweiligen Spiritualität. Aber die wesentlichen Schritte sind immer dieselben.

Gebet und Besinnung, Reflexion und Dialog sind unverzichtbare Elemente in einem geistlichen Entscheidungsprozess. In unserer Lebensregel heißt es: „Das Kapitel, von seinem Wesen her ein Paschaereignis, ist eingefügt in das Leben und die Geschichte der Kirche. Durch die Gegenwart und die Kraft des Heiligen Geistes, der in den Schwestern wirkt, wird es zu einem Ereignis in der Heilsgeschichte der Kongregation. Es ist für die ganze Gemeinschaft ein Anlass zur Bekehrung und Erneuerung."[1] Der Wahlprozess, so sagt unsere Lebensregel, ist ein Paschaereignis, eine Erfahrung, die uns hinein nimmt in das Geheimnis von Tod und Auferstehung Jesu.

Wer sich auf einen geistlichen Wahlprozess einlässt, muss zunächst einmal bereit sein zu „sterben", das heißt, seine eigenen Pläne und Wünsche und Vorlieben zurückzustellen und ganz frei und fähig sein, in der Gemeinschaft nach einer richtigen Entscheidung zu suchen. Das setzt natürlich die Bereitschaft zur Bekehrung und Erneuerung voraus. Nach alter Tradition ist daher die Zeit der Vorbereitung auf eine Wahl immer auch eine Zeit des Fastens und Betens, der eigenen Reinigung und Erneuerung. Es geht um ein Loslassen und Ablassen. Das Wählen ist im spirituellen Kontext ein intensives Suchen nach dem Willen Gottes. Nicht meine Pläne, meine Verbindungen, meine „Partei", meine Kandidatin soll zum Zug kommen, sondern die Frau, mit der der Herr die Gemeinschaft in die Zukunft führen will. In diesem Sinn sind Wahlprozesse in der Kirche tatsächlich nicht einfach demokratische Vorgänge, in denen die Mehrheit gewinnt – und bei denen man im Vorfeld alles daran setzen muss, eine Mehrheit zu sammeln. „Herr, du kennst die Herzen aller, zeige, wen DU erwählt hast!"

Neben der spirituellen Vertiefung fordert eine Wahl aber auch einen guten, realistischen Blick auf die Situation der Gemeinschaft, auf die Anforderungen von Kirche und

Gesellschaft. In unserer Ordenstradition wählen zuerst die Schwestern der gesamten Kongregation die Delegierten für das Wahlkapitel. Die gewählten Schwestern bereiten sich durch Gebet und Studium, durch persönliche Reflexion und Dialog mit den Schwestern und mit Persönlichkeiten aus dem kirchlichen und öffentlichen Leben auf die Wahl vor. Das Vertrauen auf Gottes Handeln dispensiert nicht vom eigenen Denken. Im Gegenteil – der Herr wirkt mit uns, durch uns.

Das Mühen um umfassende, objektive Information gehört wesentlich zu einem guten Wahlprozess. So wird viel Zeit verwendet für die Analyse der Situation der eigenen Gemeinschaft und der Welt, in der wir unseren Sendungsauftrag erfüllen.

In einem nächsten Schritt folgen dann die Überlegungen, welche Eigenschaften jene Schwester mitbringen soll, die für das Leitungsamt in der gegenwärtigen Zeit notwendig sind. Natürlich gibt es die ideale Wunschkandidatin nicht. Wir sind Menschen mit Begabungen und mit Schwächen. Darum wird in der Ordensgemeinschaft immer auch ein Rat gewählt, eine Gruppe von Schwestern, die durch ihre Talente die für das höchste Leitungsamt gewählte Oberin unterstützen, beraten, ergänzen sollen. Es geht ja nicht nur um die eine Leiterin, es geht um den Weg der ganzen Kongregation in die Zukunft. „Herr, du kennst die Herzen aller, zeige, wen DU erwählt hast!"

WAS ERWARTET DER HERR VON MIR?

Nun beten wir mit den Jüngern – „etwa hundertzwanzig waren zusammengekommen", sagt uns die Apostelgeschichte – wiederum diese Bitte im Blick auf einen neuen Papst, der gewählt werden muss, weil sein Vorgänger sich zu alt und zu schwach fühlt für diese Last. Mit großer Ehrfurcht schaue ich auf Benedikt XVI. und seine Entscheidung, aber auch auf alles, was er der Kirche als oberster Lehrer und Hirte geschenkt hat. Und die Kardinäle stehen vor der Aufgabe, einen Mann zu wählen, der diese Last nun auf seine Schultern nimmt. Dass er nur jünger und gesünder ist als Benedikt, das genügt sicherlich nicht.

Ohne Zweifel ist die Wahl eines Papstes ein Paschaereignis, ein Moment der besonderen Teilhabe an Jesu Leben, Sterben und Auferstehen. Und dieses Paschaereignis geht uns alle an, denn wir sind „der Leib Christi und jeder Einzelne ist ein Glied an ihm" (1 Kor 12,27). Ich kann die Wahl eines neuen Papstes nicht einfach neugierig oder auch gleichgültig mitverfolgen oder mir eine Liste von Anforderungen zurechtlegen, an denen ich dann das neue Oberhaupt messe.

Wenn ich mir in der Gemeinschaft der Kirche die Frage stelle, welche Erwartungen ich an den Mann habe, der den Petrusdienst als Nächster übernehmen wird, dann will ich zuerst eine Anfrage an mich selber stellen: Was erwartet der Herr von mir? „Seit dem Augenblick der Taufe", heißt es in unserer Lebensregel, „sind wir in neuer Weise offen für das Handeln Gottes in unserem Leben. Wir sind hineingenommen in das Leben Christi und in die Gemeinschaft der Kirche, die von ihrem Wesen her missionarisch ist. So haben wir mit allen Getauften teil an der Sendung Christi, die Frohe Botschaft vom Reich Gottes zu verkünden."[2] Es geht um die Sendung Christi, um die Frohe Botschaft – und wir, die Getauften, tragen dafür die Verantwortung. So will ich mich fragen lassen nach meiner Treue im Glauben, nach meiner täglich gelebten Liebe und nach der Hoffnung, die mich erfüllt (1 Petr 3,15).

„SEID FRÖHLICH IN DER HOFFNUNG, GEDULDIG IN DER BEDRÄNGNIS, BEHARRLICH IM GEBET!"

(Röm 12,12)

so ermutigt uns der heilige Paulus und gibt uns damit die Anleitung für die Tage der Wahl eines neuen Papstes. Im Blick auf das Konklave hoffe ich zuversichtlich, dass sich die Kardinäle genügend Zeit nehmen für eine klarsichtige Analyse der Situation der Kirche in unserer Welt und sich als „Jünger Christi" die „Freude und Hoffnung, Trauer und Angst der Menschen von heute, besonders der Armen und Bedrängten aller Art"[3] zu eigen machen. Dass die Kirche selbst in ihren innersten Kreisen in großer Bedrängnis ist, hat Benedikt XVI. immer wieder festgestellt.

Lang ist die Liste der Anforderungen und widersprüchlich sind die Erwartungen an den kommenden Papst. Es geht um die Stadt und den Erdkreis, um Rom und die Welt, um den

Vatikan und die Kirche auf allen Kontinenten. Es geht um die Kurie und die Priester, um die Theologen, die Ordensleute, die Eheleute, um Männer und Frauen, um Familie und Sexualmoral, um Ethik und Wissenschaft, um Kirchenrecht und Kirchenausschluss, um Ökumene und um den Dialog der Religionen, um bekennende Gläubige und bekennende Atheisten, um Organisation und Kommunikation, um das Herz der Kirche, die Eucharistie, um die Liturgie und ihre Reform, um den Geist und die Frucht des Konzils.

Ja, das Konzil! Wer immer gewählt wird, er wird – vermutlich – der erste nach fünf Päpsten sein, der kein Teilnehmer des II. Vatikanums gewesen ist. Er wird die Konzilsdokumente studiert, seinen Geist, seine Botschaft erfahren haben aus der Überlieferung. Möge der nächste Papst Lehrer, Weggefährten, geistliche Begleiter gehabt haben, die ihm die Freude an diesem großen Aufbruch der Kirche vermittelt haben. Darum vor allem bete ich. Natürlich haben der Kontinent, von dem der nächste Papst kommt, seine Hautfarbe und seine Sprachkompetenz einen wichtigen Signalcharakter in dieser unserer Weltkirche. Entscheidender aber ist sein Bemühen um Einheit, um die Leitung einer Kirche, die Leib Christi und Volk Gottes auf dem Weg ist. Ich werde mich freuen, wenn er den Dialog mit den Führern der anderen Religionen sucht und das brüderliche Gespräch mit den Patriarchen der christlichen Kirchengemeinschaften. Ich wünsche ihm und seinen Beratern viel Weisheit im Zugehen auf das Jahr 2017, wenn wir an den Thesenanschlag des Martin Luther vor 500 Jahren denken. Ein Festtag wäre es für mich, wenn er Zeit finden würde, sich mit dem obersten Leitungsgremium der Ordensfrauen zu treffen und neben den Männern der Kurie und den Bischöfen bei ihren Ad-limina-Besuchen auch uns Frauen zuhören würde.

DAS EVANGELIUM IST FROHE BOTSCHAFT FÜR ALLE, VOR ALLEM ABER FÜR DIE ARMEN.

Und wer möchte leugnen, dass das Gesicht der Armut in unserer Welt ein weibliches ist? Was das Vatikanum in der dogmatischen Konstitution über die Kirche vor fünfzig Jahren gesagt hat, gilt heute mit größerer Dringlichkeit: Die Hirten, so heißt es in Nr. 38, „können mit Hilfe der Erfahrung der Laien in geistlichen wie in weltlichen Dingen genauer und besser urteilen. So mag die ganze Kirche, durch alle ihre Glieder gestärkt, ihre Sendung für das Leben der Welt wirksamer erfüllen“[4] Und das Konzil ermutigt die geweihten Hirten, sie mögen „die Würde und Verantwortung der Laien in der Kirche anerkennen und fördern.“[5]

Ich bin zuversichtlich, dass der Herr seinen Diener bereiten wird, ja, schon bereitet hat.

Möge er fromm und angstfrei sein, begabt mit Intelligenz und menschlicher Wärme, mit Menschenkenntnis, mit Organisationstalent und Entscheidungskraft. Und weil die Anforderungen und Aufgaben so groß sind, möge er die Kollegialität unter den Bischöfen und mit dem Bischof von Rom stärken und sich gute Berater (und Beraterinnen?) auswählen.

Ich schließe, indem ich noch einmal Benedikt zitiere. Am 7. Juni 2006 hat er bei der Generalaudienz über den Sinn des Primates gesprochen: „Petrus muss für alle Zeiten der Hüter der Gemeinschaft mit Christus sein; er muss zur Gemeinschaft mit Christus hinführen; er muss dafür Sorge tragen, dass das Netz nicht reißt und so die universale Gemeinschaft fortdauern kann. Nur gemeinsam können wir mit Christus sein, der der Herr aller Menschen ist. Bei Petrus liegt also die Verantwortung, mit der Liebe Christi die Gemeinschaft mit Christus zu gewährleisten, indem er zur Umsetzung dieser Liebe im täglichen Leben hinführt."[6]

Benedikt wird für seinen Nachfolger und für uns alle beten, die vier Konzilspäpste, die ihm vorausgegangen sind, werden himmlische Fürsprecher sein. Dessen bin ich mir gewiss.

Ich selbst aber bete für den neuen Papst auch um die Weisheit, dem ersten Journalisten, der ihn nach dem Zeitpunkt seines Rücktrittes fragt, eine kluge Antwort zu geben.

[1] *Ihr Seid Gesandt; Lebensregel der Armen Schulschwestern von Unserer Lieben Frau, Generaldirektorium Nr. 83*

[2] *Ihr Seid Gesandt, Konstitution Nr. 2*

[3] *Pastorale Konstitution über die Kirche in der Welt von heute* „gaudium et spes". *1; Übersetzung: Deutsche Bischofskonferenz*

[4] *Dogmatische Konstitution über die Kirche* „lumen gentium", *38; Übersetzung: Deutsche Bischofskonferenz*

[5] *Ebda., 37*

[6] *Benedikt XVI., Generalaudienz am 07. Juni 2006 (© Liberia Editrice Vaticana rev.)*

ARNOLD METTNITZER

Platschiken-Platschaken

WIE PÄPSTLICH WIRD DER NÄCHSTE PAPST?

Dr. Arnold METTNITZER
geb. 1952 in Gmünd/Kärnten
Studium der Theologie in Wien und Rom
1979–2001 Seelsorger in der Diözese Gurk-Klagenfurt
1991–1996 Lehranalyse bei Erwin Ringel und Ausbildung zum Psychotherapeuten (Individualpsychologie) in Wien
Seit 1996 Psychotherapeut in freier Praxis in Wien
2003 Verzicht auf den Dienst im Rahmen der kirchlichen Seelsorge.

Unser vornehmster und bescheidenster Gast in meiner Zeit als Rektor des Bischöflichen Bildungshauses St. Georgen am Längsee war Joseph Kardinal Ratzinger. Bischof Kapellari hatte ihn eingeladen und mich für das Wohl des hohen Gastes verantwortlich gemacht. Das vom Bischof mir damals erteilte Diskussionsverbot mit dem Kardinal war Teil seiner Sorge, der Gast aus Rom möge sich ungestört bestens erholen und hoffentlich bald wiederkommen … Zu gerne hätte ich damals schon dem Präfekten der Vatikanischen Glaubenskongregation ein paar Fragen gestellt, die die innere Logik und strategische Logistik des Vatikans als Machtapparat betreffen. Es hätte mich u. a. interessiert, was ein ranghoher Vertreter der Kurie auf die Frage antwortet, warum der Vatikan bis zum heutigen Tage die UNO-Menschenrechtskonvention nicht unterzeichnet hat oder warum es z. B. nach dem Fall der Mauer nicht möglich gewesen war, tschechischen Familienvätern, die in der Zeit des Kommunismus als Geheimbischöfe für die Kirche gearbeitet und dabei ihr Leben riskiert haben, weiterhin in der Kirche ein Dienstamt anzubieten. Etliche dieser in Rom vorstellig gewordenen Geheimbischöfe waren damals fallen gelassen worden wie (zu) heiße Kartoffeln, an denen sich niemand in Rom die Finger verbrennen wollte.

Solche Fragen hatten damals mein Kirchenbild auf das Schwerste erschüttert. Bis zum heutigen Tag geniere ich mich dafür, damals „in aller Stille entsetzt“ gewesen zu sein, aber nicht den Mut aufgebracht zu haben, laut dagegen zu protestieren …

Wenn ich heute kurz vor der Wahl eines neuen Papstes darüber nachdenke, was ich mir von ihm erwarte, gehen mir Gedanken und Wünsche durch den Kopf, die vielleicht utopisch sein mögen, aber im Blick auf die jüngere Kirchengeschichte so ganz unrealistisch und von der Hand zu weisen nicht sind. Es wäre ja durchaus denkbar, dass ein Papst zu brennenden Fragen nicht nur Stellung bezieht, sondern von sich aus ungefragt darauf zu sprechen kommt und damit eine verstaubte diplomatische Geheimniskrämerei überflüssig erscheinen lässt, in der päpstliche Gesandte darauf stolz sind, in vielen Sprachen meisterlich schweigen zu können! Was mich aber im Blick auf die Kirche und ihr Oberhaupt im Moment besonders bewegt, möchte ich an Hand einer kleinen Legende zum Ausdruck bringen, die sich unter dem geheimnisvollen Titel „Platschiken-Platschaken" in Georg Grabers „Sagen und Märchen aus Kärnten" findet:[1]

„In Maria Wörth wird der große Frauentag gefeiert. Schiffe kommen von allen Seiten herangefahren und bringen Andächtige aus nah und fern, die an dem Umgang teilnehmen wollen. Nur ein armer Halterbub drüben in Pritschitz muss zu Hause bleiben und die Kühe hüten, da er weder Schuhe noch Kleider besitzt, um an dem Feste teilnehmen zu können. Traurig steht er auf der Weide und schaut hin nach Maria Wörth. Er sieht schon die Prozession ziehen und hört das Beten der Menge, das zu ihm herüberklingt wie ‚Platschiken-Platschaken'.

Der Bub fühlt große Sehnsucht, auch hin zur Mutter Gottes zu kommen. Er eilt zum See, faltet in inniger Andacht die

Hände und, das Geräusch des herklingenden Gebetes nachahmend, schreitet er aus und geht hin über das Wasser. In Maria Wörth sehen Pfarrer und Andächtige das Kind über den See herkommen. Sie eilen zum Ufer, um das Wunder in der Nähe zu sehen. Da hören sie zu ihrem Erstaunen, wie das Kind in inniger Andacht immer wieder ‚Platschiken-Platschaken' betet.
‚Kind', spricht der Pfarrer, ‚was sagst du da? Das ist ja kein Gebet. So betet man nicht.' Und er lehrt ihn die Worte eines Gebetes. ‚Jetzt, mein Kind, kehre zurück und sprich, was du von mir gelernt.'
Folgsam geht der Knabe wieder auf das Wasser und spricht das gelernte Gebet. Bald darauf aber ist er in den Wellen des Sees verschwunden."

Ich erzähle diese Geschichte in der tiefen Überzeugung, dass auch im künftigen Papst wie in jedem Menschen ein solches Kind steckt, dass die Welt mit dem, was es kann, verblüffen könnte ...

Ich bin aber auch davon überzeugt, dass in jedem Menschen und somit auch im künftigen Papst ein solcher Pfarrer steckt, der die Begabungen und Fähigkeiten eines Menschen mit einem einzigen Wort in „pfäffischer Attitüde" zunichtemachen kann ... Diese von oben herab abkanzelnde und belehrende Attitüde findet sich in allen Sparten der Gesellschaft: in der Familie, im Kindergarten, in der Schule, in unseren Krankenhäusern, in Kirche, Politik und Wirtschaft. Wo man sie antrifft, erstickt das Leben und ertrinkt wie der Bub in den Wellen des Wörthersees.

Wie immer wir den Menschen betrachten, aus welcher Kultur er kommen mag und welche Fähigkeiten und Grenzen ihm eigen sein mögen, er lebt im Wesentlichen aus zwei Grundbedürfnissen, die er bereits im Mutterleib gelernt und bei seiner Geburt ins Leben mitgebracht hat: Zum einen das Bedürfnis, nicht alleingelassen zu werden, sich geborgen zu fühlen und dazuzugehören, und zum anderen, wachsen zu dürfen und dort, wo er dazugehören darf, zeigen zu können, was er kann. Diese beiden Grunderfahrungen bestimmen als Glückskoordinaten das Leben jedes Menschen und damit auch das Leben eines Papstes.

Mit großer Wahrscheinlichkeit ist das auch ein wesentlicher Grund, warum der scheidende Papst nicht mehr die Kraft hat, sein Amt weiterzuführen. Wenn er nämlich dort, wo er lebt und arbeitet, sich nicht einmal mehr auf seine engsten Mitarbeiter verlassen kann und miterleben muss, dass vertrauliche Dokumente von seinem Schreibtisch zwar nicht verschwinden, aber kopiert in andere und aus seiner Sicht wohl in die falschen Hände fallen, wenn Argwohn und Misstrauen an die Stelle des Teamgeistes und des Vertrauens rücken und so den Grundton bestimmen, wird Regieren nicht nur ungemütlich, sondern letztlich unmöglich.

Hier durch einen beherzten Rückzug die Karten neu zu mischen und sie in andere und wohl jüngere Hände zu legen, ist aus meiner Sicht das historische Verdienst des scheidenden Papstes. Damit wird dem Papsttum in einer längst fälligen Art und Weise die menschliche Dimension des Amtes wieder zurückgegeben. Je menschlicher ein nächster Papst wahrgenommen wird, umso glaubwürdiger wird er seine zugegebenermaßen hohe Verantwortung leben können. Nie zuvor als Papst war Benedikt XVI. so berührend und als Mensch so greif- und begreifbar wie durch das menschliche Eingeständnis, dass seine Kräfte für die übernommene Aufgabe nicht mehr reichen.

Und wenn ich jetzt gefragt werde, welches Anforderungsprofil ich mir für einen künftigen Papst wünsche, dann fällt mir die Antwort leicht: Ich wünsche mir einen Papst, der sich zuallererst der Welt als Mensch erweist im Sinne eines mir seit langem vertrauten Gedichtes von Susanne Hennemann:[2]

Ein Mensch
Da findet man einen Menschen
der ein Mensch ist
ein Mensch bleibt
und die Menschen für Menschen hält
weil er ein Mensch ist
Unfaßbar so ein Mensch

Wer sagt, das sei blauäugig und ein übertriebener Wunsch, der kennt die jüngere Kirchengeschichte nicht und dort nicht Johannes XXIII. und nicht weniger zu Herzen gehend – wenn auch nur auf 33 Tage beschränkt – Johannes Paul I. Dem sogenannten *papa del sorriso* – dem „lächenden Papst“ durfte ich ein Jahr vor seiner Wahl in Rom als Kardinal von Venedig begegnen. Wir waren damals als

Theologiestudenten des Germanicums von unserer Begegnung mit ihm so hingerissen, dass einer von uns meinte, wie schön es doch wäre, wenn der nächste Papst von solcher Herzlichkeit sein könnte. Manchmal, wenn ich den Dalai Lama in den Medien erlebe, muss ich an diese unsere Begegnung mit Albino Luciani denken und wie es ihm nach seiner Wahl zum Papst gelungen war, die ganze Welt mit seinem Lächeln zu verzaubern.

Auch Johannes XXIII. war es in den Jahren seines Pontifikates gelungen, mit seiner menschlichen Art die Welt aufhorchen zu lassen und hellhöriger zu machen. Als der Kirchturm in meiner ehemaligen Pfarre Klein St. Paul in Kärnten neu eingedeckt werden musste, haben wir zum Abschluss der Renovierung in der goldenen Kugel auf der Spitze des Turms eine Botschaft für die hinterlegt, die es in späterer Zeit wieder unternehmen würden, das Gebäude zu erneuern. Wir hatten damals einen Gedanken aus dem „Geistlichen Testament" von Johannes XXIII. gewählt, der die Vision einer Seelsorge aufzeigt, die nicht innerhalb der Kirchenmauern stehen bleiben darf: „Mehr denn je, bestimmt mehr als in den letzten Jahrhunderten, sind wir heute darauf ausgerichtet, dem Menschen als solchem zu dienen, nicht bloß den Katholiken, darauf, in erster Linie und überall die Rechte der menschlichen Person und nicht nur diejenigen der katholischen Kirche zu verteidigen." Diese im besten Sinn des Wortes „katholische" Perspektive hatte mich in den Jahren meiner Verantwortung als Seelsorger beflügelt. Der Mensch als solcher steht im Mittelpunkt der Aufmerksamkeit, seine Rechte und vor allem seine Not sind das oberste Gebot. Kirche ist in einem so verstandenen Sinn nur Kirche, wenn sie für die Menschen da ist und sich dabei nicht nur auf ihre Mitglieder beschränkt.

In diesem Zusammenhang stört mich seit langem schon eine innerkirchlich äußerst bedenkliche solipsistische Fixierung von „Berufung“ auf kirchliche Berufe. Mit „Berufung“ ist dabei ausschließlich der göttliche Ruf zum Priester- & Ordensberuf gemeint. Das führt dann dazu, dass in den kirchlichen Ausbildungsstätten der Priester- & Ordensberuf als das Nonplusultra propagiert wird und die vielen ehemaligen Priesteramtskandidaten, deren Weg anders verläuft, vielfach mit einer Art Minderwertigkeitsgefühl gekränkt darüber zurückbleiben, sie hätten als Arzt, Anwalt, Lehrer oder Handwerker das schlechtere Los gezogen und eine zu wenig „hohe“ Berufung vorzuweisen gehabt. Sie mochten eine Perle gewesen sein, aber im Diadem der katholischen Kirche hätte es dann doch keinen geeigneten Platz für sie gegeben.

Ich kenne viele ehemalige Absolventen aus kirchlichen Internaten, die zeit ihres Lebens an solchen Bewertungshypotheken zu leiden hatten. Wie wohltuend und wichtig wäre in diesem Bereich eine kirchliche Gegenstimme, die „von ganz oben“ glaubwürdig davon zu reden verstünde, dass in jedem Menschen eine von Gott gegebene Berufung, ein Inneres unverwechselbares Potential darauf wartet, entdeckt und für möglichst viele sichtbar gemacht zu werden. Aus meiner Wahrnehmung gelingt das im Moment dem Dalai Lama weit besser als dem Römischen Pontifex.

Darüber hinaus bräuchte eine momentan heftig durch vielerlei Krisen geschüttelte Welt eine großherzige Stimme, die beherzt gegen jede Form von Kleinmut anredet.

Was die Menschen in dieser auf Profit und Egozentrik getrimmten Welt dringend und zuallererst brauchen, damit ihre Seelen nicht am Kleinmut ersticken, ist ein höchst notwendiger Wandel von einer „Ressourcenausnutzungsmentalität" hin zu einer „Potentialentfaltungskultur".

Der Ressourcenausnutzer fragt in erster Linie nach seinem persönlichen Vorteil. Vorteilsstreben ist zwar völlig legitim und verständlich. Die Gefahr aber liegt in der Ausschließlichkeit. Wo Egoismus und Solipsismus den Blick über den eigenen Tellerrand hinaus verstellen, bekommt die von den Sozialforschern bereits skizzierte posthumane Gesellschaft erschreckende Konturen. Eine in diesem Kontext liebevoll werbende Stimme des Papstes wird sicherlich streng daran gemessen werden müssen, wie sehr er es versteht, mit gutem Beispiel voranzugehen und glaubwürdig persönliche Zeichen zu setzen. Ein Sprichwort aus Afrika lautet: „Worte sind schön, aber Hühner legen Eier!" Ob der neue Papst solche Eier wird legen können, werden wir bald wissen. Wünschen möchte ich es ihm und der ganzen Welt. Und ich denke dabei an Mahatma Gandhi, der christlichen Missionaren auf die Frage, was sie tun sollten, damit die Hindus die Bergpredigt verstünden, geantwortet haben soll: „Denken Sie an das Geheimnis der Rose! Alle mögen sie, weil sie duftet. Also, duften Sie!"

[1] *Zitiert nach Georg Graber, Sagen und Märchen aus Kärnten. Graz: Leykam-Verlag 1935 und 1944*
[2] *In: Hans Kruppa (Hg.), Wo liegt euer Lächeln begraben. Gedichte gegen den Frust. Frankfurt am Main: Fischer Taschenbuch Verlag, 1984, S. 61*

CLEMENS SEDMAK

„Es ist gut, hier zu sein“

Clemens SEDMAK, *geb. 1971,*
leitet das Internationale Forschungszentrum
für soziale und ethische Fragen in Salzburg
und ist Professor für Sozialethik
am King's College London, Universität London.
Er ist Mitglied des Kuratoriums der
Joseph Ratzinger Papst Benedikt XVI.-Stiftung.

GEISTLICHE AUTORITÄT

Der Franziskanerpater Gereon Goldmann beschreibt in seinen Erinnerungen an seine Erfahrungen während des Zweiten Weltkriegs eine Begegnung in Nordafrika. Im Zuge eines Arbeitseinsatzes als Kriegsgefangener der Franzosen führte ihn ein Berber in ein entlegenes Tal, wo er einer Ordensschwester begegnete, die mit leprösen Menschen arbeitete, in einer Einsiedelei lebte und offensichtlich eine Mystikerin war. Pater Goldmann erwähnte ihr gegenüber, dass er nicht vorhabe, in das Lager Ksar es Souk zurückzukehren, zumal dort schlimme Religionsfeinde wären. „Die kleine Person packte mich vorne am Habit und sagte mit einem Blick, den ich nicht vergessen werde: ‚Pater, es ist GOTTES Wille, dass Sie in Ihr Lager zurückkehren.'" Dann erbat sie sich den Namen des schlimmsten Religionsfeindes, der sich nach drei Monaten zum größten Erstaunen aller bekehrte. „Als ich der Schwester Johanna in der Einsiedelei das mitteilte, meinte sie nur, das sei doch klar, sie habe ja jede Nacht sechs Stunden für ihn gebetet."[1]

Hier zeigt sich geistliche Autorität. Geistliche Autorität ist die demutsvolle Autorität eines Menschen, der Gott erfahren hat und bei aller Dissimilarität des Göttlichen[2] eine Vertrautheit aufgebaut hat. Diese Vertrautheit bezieht sich auf die Einsicht in Gesetzmäßigkeiten geistlichen Wachstums, wie wir sie etwa in den Schriften von Johannes Cassian, Ignatius von Loyola, Johannes vom Kreuz oder Teresa von Avila finden. Diese Vertrautheit ergibt sich aus einem vertrauten Umgang mit Gott, der als lebendige Lebensrealität erfahren wird. Ein Mensch mit geistlicher Autorität ist nicht an die Enge seiner Biographie gebunden, sucht nicht das Eigene, sondern den Willen Gottes.

Ich erhoffe mir einen Papst, der über diese geistliche Autorität verfügt. Die Frage, um die es in der Nachfolge Christi schließlich geht, ist ja nicht die Frage „Was wollen wir" (oder gar: „Was will ich?"), sondern die Frage: „Was ist der Wille Gottes?". Ich sehe diesen Vorrang des Willens Gottes vor dem menschlichen Willen als entscheidendes Moment des Christentums an, das eine Person und nicht ein Programm oder eine Institution in den Mittelpunkt stellt, die Person Jesu Christi, der wir nachfolgen, weil wir ihn als den Sohn des lebendigen Gottes, als menschgewordenen Gottessohn, erkennen. Damit ist auch die tiefe und weitreichende Einsicht in den Mittelcharakter der Kirche verbunden, die nicht Zweck in sich selbst ist.

Ich sehne mich nach der ruhigen Souveränität eines tief gottverbundenen Menschen, der über den Willen Gottes aussagen kann. Nun beeile ich mich hinzuzufügen, dass bei dieser Sehnsucht nach geistlicher Autorität auch ein unreifes Moment mitspielen mag, Orientierung nicht stets selbst suchen zu müssen. Ich ergänze auch umgehend, dass sich glaubwürdige Glaubenstiefe nicht selten in der dunklen Nacht des Schweigens Gottes zeigen mag; es ist wohl auch hilfreich zu erwähnen, dass lebendiger Glaube, wie er im Buch Hiob bei Hiob wohl im Unterschied zu dessen Freunden zum Ausdruck kommt, Zweifeln und Hadern einschließen kann und dass Menschen, die im Geistlichen auf alles eine Antwort haben, etwas Unheimliches an sich haben. Dennoch: Der Papst möge geistliche Autorität haben. Diese geistliche Dimension des Amtes hat nicht zuletzt Papst Benedikt in seiner Rücktrittserklärung angesprochen.

LEBENDIGE BEZIEHUNG ZUM LEBENDIGEN GOTT

Wie konsequenzenreich könnte es sein, einen Papst zu haben, der in einer lebendigen Gottesbeziehung steht! Eine lebendige Gottesbeziehung hat zumindest drei Eigenschaften: Die Beziehung ist als Beziehung lebendig, immer wieder neu, weist Überraschungen auf, lässt immer wieder Neues in die Beziehung legen, lebt aus einer Haltung des Sich-Überraschenlassens; diese Beziehung ist zweitens von Regelmäßigkeit und Disziplin gekennzeichnet; und drittens: Diese Beziehung erkennt einen lebendigen Gott an, der durchbrechen kann. Einer meiner besten Freunde ist Priester in der Diözese Camden, New Jersey. Er steht jeden Tag um fünf Uhr morgens auf, verbringt die erste Stunde des Tages mit Gott, und betet jeden Tag: „Jesus, überrasche mich!". Das ist Ausdruck eines begeisterten Lebensgefühls, jeden Tag neu das Neue zu erwarten. Wie viel von dem, was wir als wichtig erachten, würde sich im Lichte einer lebendigen Gottesbeziehung relativieren? Nur einmal der Gedanke: Stell dir vor, es gibt ihn wirklich, den lebendigen Gott! Daraus ergibt sich ein Leben in der „Zweiten-Person-Perspektive", auf Gott hin.[3]

Es möge erlaubt sein, darauf hinzuweisen, dass der Ehrgeiz, der etwa mich umtreibt und das Eigene suchen und um die eigene Reputation bangen lässt, nicht im Letzten vereinbar ist mit solch lebendiger Gottesbeziehung. Es möge gestattet sein, darüber nachzudenken, ob die Kriterien für kirchliche Würdenträger tatsächlich in einem Primat der Gottesbeziehung oder nicht doch auch in der stark gewichteten Loyalität gegenüber einer Institution zu suchen sind. Eine lebendige Gottesbeziehung ist schwerlich mit Karrierismus vereinbar. Der selige Johannes XXIII. hatte dies erkannt. Er lebte inmitten eines kirchlichen Klimas, in dem es „Karrieren“ gab, in dem Gerüchte, wer welches Amt bekommen würde, um sich griffen – so nahm er sich, wie er in seinem „Geistlichen Tagebuch“[4] notierte, vor, nicht nach Ämtern zu streben (JGT 28), seine Talente nicht zur eigenen Ehre zu verwenden (JGT 32). Vorbild ist dabei Jesus, der die längste Zeit im Verborgenen lebte und arbeitete (JGT 92f).

Eine lebendige Gottesbeziehung ist auch bei prominenten und einflussreichen Christen nicht selbstverständlich – ein Beispiel: Joseph Bernardin war bereits Erzbischof von Cincinnati, ein durchaus gescheiter und bemühter Karrierist in der kirchlichen Hierarchie, als er einen Priesterkreis um Feedback bat. Nach einigem Zögern sagten sie zu ihm: Du redest viel vom Gebet und der Beziehung zu Gott, aber welche Rolle spielt das eigentlich in deinem Lebensalltag? Er war peinlich berührt, stellte dann aber sein Leben um: „So beschloss ich, Gott die erste Stunde meines Tages zu schenken, und – komme, was wolle – mit ihm im Gebet und in der Betrachtung zu verweilen.“[5] Der Papst möge aus einer lebendigen Gottesbeziehung schöpfen, die gerade weil sie lebendig ist, nicht jenes Maß an Sicherheit gewährt, dass das System einer gefestigten Doktrin mit sich bringen kann.

DER PAPST MÖGE GOTT LIEBEN

Der künftige Papst möge – wie wir es von allen, die sich Christinnen und Christen nennen, erhoffen, und die nicht zuletzt selbst darum ringen – Gott lieben. Ich möchte es so einfach sagen: Der Papst möge Gott lieben. Das kann für die einen eine Selbstverständlichkeit, für die anderen eine Unmöglichkeit sein, aber das ist der grundlegende Punkt. Diesen einfachen Punkt kann man noch komplizierter darstellen. Man kann sich etwa fragen, was es heißt, Gott zu lieben. Liebe ist eine Fähigkeit, die mit bestimmten Fertigkeiten, die auch einer Kunst ähneln, verbunden werden kann, etwa mit der Fähigkeit, den Geliebten zu überraschen; Liebe ist auch eine „Disziplin", eine regelgeleitete Lebensform, die in großen und kleinen Dingen des Lebens eingeübt wird, ähnlich wie das Leben nach der „Regula" eines Ordens; Liebe ist Bereitschaft und Haltung, also eine Einstellung und Sichtweise, die sich in Verhaltensdispositionen und Wahrnehmungsgewohnheiten zeigt.

Gott zu lieben bedeutet, Zeit vor dem Angesicht Gottes zu verbringen – oder deutlich: Zeit mit und vor Gott zu verschwenden. Gott zu lieben, bedeutet die Bereitschaft, sich durchbrechen zu lassen. Liebe „macht alles neu", lässt Widerstand erfahren. C. S. Lewis, um ein berühmtes Beispiel zu erwähnen, hatte nach dem Tod seiner geliebten Ehefrau die Beziehung zu Gott vor allem als „Durchbrechung“ erfahren und Gott als Ikonoklasten erkannt.[6] Was könnte diese Einsicht, die uns ja auch Jesus vermittelt, der in den Evangelien immer wieder Erwartungen durchbricht, für die Positionierung der Kategorie der Rechtgläubigkeit bedeuten?

Gott zu lieben heißt, Gott mit ganzem Herzen zu suchen, mit „wholeheartedness“, wie das Harry Frankfurt in seinen Überlegungen zur „Starken Sorge“ *(Robust Concern)* genannt hat. Lieblosigkeit, wie sie in vielen Auseinandersetzungen zwischen verschiedenen christlichen Strömungen durchdringt, ist eine Form von gelebtem Atheismus. Es dürfte zumindest – gemessen am Beispiel Jesu, der uns gezeigt hat, wie wir Gott lieben sollen – vier Fehlformen der Gottesliebe geben: Man kann Gott „zu dünn“ lieben, als ob Gott sich uns als „causa sui“ ohne persönliches Antlitz offenbart; man kann Gott „zu kumpelhaft“ lieben, als ob Gott auf einer Dialogebene mit dem Menschen stünde; man kann Gott „zu arrogant“ lieben, als ob man im Modus eines gewissen spirituellen Triumphalismus von Gott Besitz ergreifen könne; man kann Gott „zu skrupulös“ lieben, als ob man im Umgang mit Gott so viel falsch machen könne. Alle Fehlformen der Liebe können sich in persönlichen und institutionellen Praktiken niederschlagen.

Darf ich es österreichisch sagen: Ein Papst, der Gott liebt, wird in seinem Leben und Lehren Gott nicht als einen neurotischen Großvater vermitteln, der ausrastet, wenn etwas schiefläuft. Der Umgang der Kirche mit bestimmten Fragen gibt Anlass zur Befürchtung, dass hier entweder ein Primat der Institution vor dem lebendigen Gott durchschimmert oder sich noch schlimmer ein Josef-Fritzl-artiges Gottesbild zeigt, das Lebenswidriges fordert, um einem vermeintlich tyrannischen Gott gerecht zu werden. Der Papst möge Gott, der Mensch geworden ist, lieben. Solche Liebe lässt sich mit Angst als Gegenspieler der Liebe nicht vereinbaren.

EINE KLEINE THEOLOGIE DES PETRUSFELSENS

Diese Überlegungen haben auch mit einer Theologie des Papsttums zu tun, die man unter das Wort „Es ist gut, hier zu sein" stellen könnte. Das Wort findet sich natürlich in der Erzählung von der Verklärung des Herrn. Hier finden wir eine kleine Theologie des Papsttums. In der Fassung des Matthäusevangeliums (Mt 17,1–9) sehen wir vor der Episode mit der Transfiguratio im sechzehnten Kapitel: Jesus fragt seine Jünger, für wen ihn die Leute halten; sie referieren ihm (der Plural wird verwendet!) verschiedene Antworten; dann fragt Jesus auch die Jünger: „Für wen haltet ihr mich?" Es ist nur einer, der antwortet, Simon Petrus. Er sagt: „Du bist der Messias, der Sohn des lebendigen Gottes." Jesus preist ihn ob dieser Antwort selig, da sie ihm vom Vater im Himmel geoffenbart worden sei. Hier wird also angedeutet, dass Petrus in einer besonderen Beziehung zum lebendigen Gott steht. Dann erfolgt der Petrusspruch in Mt 16,18. Kurz danach die berühmte Zurückweisung des Petrus –

diese erfolgt nach der Petruszusage. Die besondere Beziehung von Petrus zu Jesus wird auch in der Perikope von der Transfiguratio deutlich: Petrus wird gemeinsam mit zwei anderen Jüngern auserwählt, mit Jesus auf einen hohen Berg zu steigen. Jesus will – nach der Darstellung des Lukasevangeliums (Lk 9,28–36) – beten, die Jünger (wie menschlich!) kämpfen mit dem Schlaf. Petrus ist überwältigt ob der strahlenden Verklärung des Herrn und sagt: Es ist gut, hier zu sein (Mt 17,4; Lk 9,33). Er schlägt vor, drei Hütten zu bauen, wird von einer Stimme aus einer Wolke, die die Apostel in den Schatten stellt und nach der Darstellung des Lukas mit Angst erfüllt, unterbrochen.

Johannes Chrysostomos zeigt in seinem Kommentar zum Matthäusevangelium, dass Petrus wenig verstanden hat, glaubt er doch, dass Jesus, Mose und Elija auf derselben Ebene stehen. Petrus irrt sich, er wird in seinem Geltungsanspruch abrogiert und durch die lichtvolle Wolke der Gegenwart Gottes in den Schatten gestellt. Der Fels der Kirche wird von einer lichten Wolke unterbrochen ...

Diese Szene sagt so viel über eine Theologie des Papsttums aus: Der Papst möge die Mühen des Aufstiegs in Jesu Begleitung nicht scheuen, er möge Zeuge der Verklärung sein, er möge aus ganzem Herzen sagen können: Es ist gut, hier zu sein! Und er möge sich von Gott durchbrechen und in den Schatten stellen lassen ...

DIE NOTWENDIGKEIT VON STRUKTURELLEN KONSEQUENZEN

Geistliche Autorität, lebendige Liebe zum lebendigen Gott und ein ebenso kraftvolles wie demütiges „Es ist gut, hier zu sein!" bringen auch strukturelle Konsequenzen mit sich. Die Kirche findet sich unter anderem in einer Situation, in der „ad intra" (innere Reform, etwa auch Umgang mit Finanzen, Modus von Personalentscheidungen, Kurienethos) und „ad extra" (kraftvolles und angstfreies Zugehen auf die Welt, Erinnerung an die Ernsthaftigkeit der Gottesfrage) Handlungsbedarf besteht. Papst Benedikt hat dies in seiner Erklärung vom 11. Februar 2013 anklingen lassen. Hier besteht Handlungsbedarf für die gesamte Gemeinschaft der Kirche. Ich erhoffe mir einen Papst, der das Kollegialitätsprinzip auf der Basis einer Kultur des Zuhörens lebt; ich bitte um einen Papst, der es als erste Aufgabe des Diözesanbischofs ansieht, Anliegen der Diözese nach Rom zu tragen. In einem Fastenzeitexperiment, in dem mir ein Salzburger Journalist Briefe mit Fragen zum Glauben geschrieben hat, findet sich eine Stelle aus seiner Feder: „Der Papst fährt die konservative Linie. Und natürlich traut sich keiner, ihm zu widersprechen. Mit dem Widerspruch haben die Bischöfe es ja nicht so."[7] Das mag eine subjektive Einschätzung eines externen Beobachters von außen sein, kann aber zu denken geben.

In dieser Situation braucht ein Papst „Kraft" (siehe Apg 6,8!) und wohl auch etwas, das mein lateinisches Lieblingswort ausdrückt: *magnanimitas*. Damit ist die Fähigkeit der Großherzigkeit gemeint, die gut mit verschiedenen Ideen leben und mit verschiedensten Menschen gut auskommen kann. *Magnanimitas* ist eine Form der Güte. Was heißt wiederum „Güte"? Der Begriff der Güte schwankt zwischen *benignitas* und *benevolentia*; sie ist eine Grundhaltung, die am Wohl des Anderen interessiert ist und den Anderen als je besonderen Anderen respektiert. Der deutsche Psychologe Philipp Lersch hat die Güte charakterisiert als „Strebungen des Füreinanderseins" und als „Gewähren". Solche Güte ist kostbar und selten. Adam Phillips und Barbara Taylor haben in einer kleinen Schrift über „Kindness"[8] die Güte als Fähigkeit zur Sympathie beschrieben, als Fähigkeit, das Gemeinsame zu sehen, als Fähigkeit zum Mitsein und als die Fähigkeit, sich in die Lage eines anderen zu versetzen. In einer mehr und mehr verrechtlichten Welt, wie sie uns auch die kirchliche Bürokratie zu vermitteln versteht, wird Güte rar. Der Papst möge Hüter dieses Feuers und Träger dieses Lichts sein – als Zeuge der Verklärung, die uns sagen lässt: Es ist gut, hier zu sein.

[1] *G. Goldmann, Tödliche Schatten – Tröstendes Licht. St. Ottilien 2004, 248 bzw. 249*

[2] *Vgl. Denzinger 806 (IV. Laterankonzil).*

[3] *Vgl. E. Stump, Second-Person Accounts and the Problem of Evil. In: E. Yandell. ed., Faith and Narrative. New York: Oxford University Press 2001 dies., The Problem of Evil: Analytic Philosophy and Narrative. In: O. Crisp., M. C. Rea, eds., Analytic Theology: New Essays in the Philosophy of Theology. New York: Oxford University Press 2009; dies., Wandering in Darkness : Narrative and the Problem of Suffering. Oxford: Oxford University Press 2010*

[4] *Johannes XXIII., Geistliches Tagebuch. Freiburg/Br. 1965. Abkürzung „JGT"*

[5] *J. Bernardin, Das Geschenk inneren Friedens. Reflexionen aus der Zeit des Loslassens. München 2001, 21*

[6] *C.S. Lewis, A Grief Observed. London 1966*

[7] *C. Sedmak, C. Resch, Wie man (vielleicht) in den Himmel kommt. Salzburg 2013, 179*

[8] *Adam Phillips and Barbara Taylor, On Kindness. New York 2009*

ROMAN A. SIEBENROCK

Rufen und Vertrauen

DAS UNMÖGLICHE AMT UND DIE VERANTWORTUNG ALLER GETAUFTEN

Roman A. SIEBENROCK *(geb. 1957), Professor für Dogmatik am Institut für Systematische Theologie der Katholisch-theologischen Fakultät der Universität Innsbruck. Koordinator des Theologischen Forschungszentrums „Religion-Gewalt-Kommunikation-Weltordnung", in der Leitung des Forschungsschwerpunktes „Kulturelle Begegnungen – Kulturelle Konflikte" und im Projekt „Analytische Theologie" an der Universität Innsbruck. Promotion über John Henry Newman bei Peter Hünermann. Habilitation mit Arbeiten zu Karl Rahner und seinem Werk im Kontext der jüngeren Theologiegeschichte. Forschungsschwerpunkte: Theologie des 19. und 20. Jahrhunderts, Zweites Vatikanisches Konzil, Gottesfrage im Kontext von Wissenschaft, pluraler Religionswelt und Säkularität.*

„Simon, Simon, der Satan hat verlangt, dass er euch wie Weizen sieben darf. Ich aber habe für dich gebetet, dass dein Glaube nicht erlischt. Und wenn du dich wieder bekehrt hast, dann stärke deine Brüder. Darauf sagte Petrus zu ihm: Herr, ich bin bereit, mit dir sogar ins Gefängnis und in den Tod zu gehen. Jesus erwiderte: Ich sage dir, Petrus, ehe heute der Hahn kräht, wirst du dreimal leugnen, mich zu kennen."
(Lk 22, 31–34)

Ich habe es mir abgewöhnt, einen idealen Pontifex zu erhoffen. Den wird es schon deshalb nie geben, weil die Erwartungen zu unterschiedlich und die Vorstellungen von der Sendung der Kirche in dieser Zeit zu kontrovers verhandelt werden. Zudem lehrt mich die Kirchengeschichte, dass aller Glanz und alles Elend der Menschheit in diesem Amt im Prisma studiert werden können. Deshalb sollte ein Papst, und wir waren in dieser Hinsicht in den letzten 200 Jahren tatsächlich damit gesegnet, ein guter Christ zu sein versuchen, der der pastoralen Bestimmung seines Amtes mit seinem eigenen Charisma und seinen Kräften zu dienen versucht. Dann werden viele von uns, und auch immer wohl ich, nicht mit allem einverstanden sein, doch wir können ihn dann immer schätzen und anerkennen. Denn das ist das wichtigste: Ihn in seiner Aufgabe zu unterstützen versuchen. Denn auf sich allein gestellt, wird er wie unter einer Vakuumglocke leben.

Deshalb möchte ich mir keinen Papst gießen, sondern darüber nachdenken, welche Herausforderungen und Ansprüche auf die Person zukommen werden. Ich versuche also aus einer Kontextanalyse ein Suchbild für einen möglichen Kandidaten zu konturieren. Einen Vorschlag aber habe ich nicht. Ich kenne mich dazu zu wenig aus; – und letztlich interessiert es mich auch nicht, weil es mir auch in dieser Frage darum geht, die eigene Verantwortung aller Getauften zu betonen.

Über den Petrusdienst nachzudenken heißt immer, die Möglichkeiten eines Menschen mit den Anforderungen dieses Amtes im Kontext unserer Zeit zu sehen. Werden diese Aspekte auch nur oberflächlich miteinander verbunden, dann ist dieses Amt unmöglich; – und es tendiert dazu, unmenschlich zu werden. Die Aussagen in der Rücktrittserklärung von Papst Benedikt XVI. deuten meiner Ansicht nach in diese Richtung. Welcher Mensch wäre denn geistig und körperlich fit genug, den Anforderungen dieses Amtes zu genügen? Deshalb scheint es mir geradezu unausweichlich, mythologisch überhöht oder überkritisch dekonstruiert zu werden. Als Projektionsfeld aller Erwartungen, bis zur Vorstellung eines Gottes unter uns, oder zum Buhmann, der für alles verantwortlich sein sollte, müssen Amt und Person dann herhalten. Beide Extreme hängen innerlich zusammen. Mein Beitrag plädiert hingegen für ein dem Evangelium gemäßes Amt, das auch ein Fischer ausüben könnte; – ja, auch heute. Und deshalb trete ich für eine Dekonstruktion sowohl der überhöht positiven wie negativen Projektionen ein.

Mein Nachdenken gliedere ich in folgende Punkte: Zunächst möchte ich einige Hinweise auf die sich radikal ändernde Sozialgestalt des Christentums geben. Dann möchte ich aus dem Zentrum der christlichen Sendung einige Kriterien für die Profilierung des Amtes und unserer Verantwortung wagen.

DAS WERDEN EINER NEUEN SOZIALGESTALT DES CHRISTENTUMS IN EINEM ZEITALTER BESCHLEUNIGTER VERÄNDERUNG

Ob wir es wollen oder nicht: Die Kirche wird sich im 21. Jahrhundert weiterhin in einer rasanten Weise verändern. Auch wenn wir uns nur noch um das Althergebrachte kümmern würden und wir alle zusammen Latein sprechen würden; – das Ganze wäre anders, und zwar nicht erhebend, sondern eine Art von Groteske. John Allen hat die Dynamiken analysiert.[1] Auch wenn man nicht allem zustimmen mag, was er sagt, in einer Hinsicht wird er ohne Zweifel richtig liegen: Wir können nur versuchen, die Veränderungen zu begleiten oder zu moderieren, steuern oder gar verhindern kann dies niemand. Demographie, Wissenschaften, Kommunikations- und Biotechnik sowie die Entwicklung der Umweltproblematik auf der einen Seite, aber auch die Entwicklung des Islams, der Pfingstbewegung und Globalisierung führen zu einer multipolaren Welt und einer in jeder Hinsicht vielgestaltigen Kirche, sodass wir in verschärfter Weise in einer katholischen Unübersichtlichkeit leben werden.

Das Schlimmste aber würde in dieser Situation jener Reflex darstellen, der unserer Kirche leider seit der Französischen

Revolution natürlich zu sein scheint. Nämlich: Flucht in die heilige Welt einer vergangenen christlichen Welt und apokalyptische Beschreibung und Verwerfung der Gegenwart. Allein im Zweiten Vatikanischen Konzil wagte es die Kirche, in ganz neuer Weise über die Kirche in der Welt von heute nachzudenken und alternative Handlungsformen zu entwickeln. Deshalb besteht mein durchgängiges Plädoyer darin, dass Kirche und Papst grundsätzlich und ohne Abstriche, auch nicht mit hermeneutischen Tricks, zur Dynamik des Zweiten Vatikanischen Konzils zurückkehren. Das wird nicht die Lösung unserer Probleme bedeuten, aber wir werden dadurch die angemessen Perspektiven gewinnen, die Herausforderungen anzugehen. Ich bin der festen Überzeugung, dass die Krise unserer Kirche auch einen Läuterungsprozess durch den Herrn der Geschichte darstellt, den Heiligen Geist, der nicht mit ansehen kann und will, wie sein Geschenk an diese Kirche, nämlich das Zweite Vatikanische Konzil, verjubelt und entstellt wird. Ohne dieses Konzil wird es keine Zukunft unserer Kirche geben.

WORAUF ES ANKOMMT? GOTT ALLEIN GENÜGT

John Henry Newman sagte in seinen letzten Lebensjahren eine Zukunft an, in der die Idee Gottes verschwinden könnte. Wir erleben uns in dieser Zeit, weil schon die Frage nach Gott zur Fremdsprache geworden ist. Diese Entwicklung liegt nicht an der Boshaftigkeit der Menschen, sondern scheint mir deshalb ein Aspekt der Gottesgeschichte zu sein, weil auch große Heilige unserer Kirche, wie Therese von Lisieux, Mutter Teresa und Chiara Lubich, die Gottesnacht oder die Gottverlassenheit Jesu am Kreuz nicht als Durchgangsstadium eines mystischen Weges, sondern als Profil ihrer Sendung und Frömmigkeit erlebten und angenommen hatten. Hierfür hat das Zweite Vatikanische Konzil in vorbildlicher Weise Dimensionen der Gottesnähe und Christusnachfolge entwickelt. Deshalb ist Kirche und aller Dienst immer und entschieden radikal auf das Gotteszeugnis auszurichten.

Dieses Zeugnis wird nicht eine primär intellektuelle Aufgabe sein, das wohl auch, sondern zuerst eine gelebte Sendung. Dabei aber wird sich auch die Kirche als suchende und lernende zeigen müssen. Gott hat man nie, immer sind wir unterwegs. Hier sehe ich eines der bedeutendsten Erbstücke des Theologen und Papstes Joseph Ratzinger / Benedikt XVI., auch wenn der Gott- und Christussucher Ratzinger nie wirklich in unser Bewusstsein gedrungen ist. Diese Gotteserkenntnis wird aber nicht nur in der Innerlichkeit und der „Entweltlichung“ sich ereignen, sondern inmitten dieser Welt, in der es der Kirche immer um das Reich Gottes, um den Erfahrungsraum seiner Wirkkraft gehen muss. Woran wird diese Gegenwart Gottes aber erkannt? Das Konzil spricht von der Liturgie, von Gottes- und Nächstenliebe, von der Anerkennung und Wahrnehmung Gottes in allen Religionen, die immer auch den Glanz der Wahrheit und der Heiligkeit ausstrahlen; – und vor allem im Einsatz für das Reich Gottes, das unter uns wächst, wenn die Freiheit und Würde der Menschen in Frieden und Gerechtigkeit im Blick auf die Wahrung der Schöpfung in Frage steht. Was wäre das für eine großartige Aufgabe, Herold des Reiches Gottes zu sein im offenen Dialog mit allen Menschen?

ENTMYTHOLOGISIERUNG DES PAPSTAMTES

Mit seinem Rücktritt und, so hoffe ich, seinem Rückzug aus allen offiziellen und offiziösen Netzwerken, hat Papst Benedikt XVI. einen ersten Schritt in die Neubestimmung des Bischofs von Rom gewagt. Unter Entmythologisierung verstehe ich nicht die Verneinung des Petrusdienstes, der der Einheit der Kirche zu dienen hat. Doch ist diese Gabe der Einheit so zu gestalten, dass nicht die Vorstellung aufkommen könnte, ein besonders charismatischer Mensch in Rom könnte alle Probleme lösen. In dieser Hinsicht erleben wir immer wieder eine Infantilisierung unserer Kirche, weil wir nicht erwachsen werden wollen und daher die Verantwortung gerne nach Oben abschieben. Dann kommt es aber zu jener Konstellation, die ich oben angesprochen habe: Überhöhung oder Sündenbock. Aber ich kann mir vorstellen, dass ein Papst auch alle Gläubigen dazu ermahnen könnte, ein waches Auge für falsche Entwicklungen zu haben. Deshalb könnte er zu konstruktiver Kritik auch gegenüber den Amtsträgern der Kirche ermuntern. Immer sollte sein Dienst darin aber seine Mitte haben: sich selbst zu bekehren und die anderen stärken; – nicht ihnen die Verantwortung und Teilhabe abzusprechen.

In dieser Hinsicht wäre es unbedingt erforderlich, nicht nur aus dem langen Schatten des Absolutismus des 19. Jahrhunderts zu treten, sondern auch aus der alten Kirche und den Erfahrungen der Orden und geistlichen Bewegungen und Gemeinschaften angemesse Formen der Teilhabe aller Glaubenden an der Entscheidung und Verantwortung der Kirche zu entwickeln. Es liegen hinreichend Vorschläge auf dem Tisch. Alle diese Vorschläge scheinen mir darin ihre entscheidende Stoßrichtung zu gewinnen, dass sie faktisch die Amtsvollmacht („potestas") immer an die personale Autorität, in ihrer Ermutigungskompetenz, zurückzubinden versuchen. Wer aber „Autorität" in diesem Sinne wirklich hat, kann nur von anderen, von der ganzen Gemeinde bezeugt werden. Deshalb sind auf allen Ebenen der Amtsbestellung reale Formen von Mitverantwortung und Entscheidungsteilhabe zu entwickeln. Hier darf an die Selbstverständlichkeit der Alten Kirche erinnert werden: Was alle betrifft, muss von allen entschieden werden. Teilhabe aber bedeutet Mitverantwortung. Nur in solch realen Vollzügen kann dann zum Ausdruck kommen, was die Kirche ihrem Wesen nach ist: *Communio* und *Koinonia.* Auf so vielen Ebenen fehlen wirkliche Entscheidungsformen, die einer *Communio* entsprechen würden.

Dann aber wäre wohl auch eine Dekonstruktion der Kurie angesagt, die ja in den letzten Jahrzehnten immer mehr von der Ausweitung der päpstlichen Vollmacht gewonnen hat. Mir scheint es keinen anderen Weg zu geben, als diese Entwicklung rückzubauen. Eine Kurienreform müsste darin ihre entscheidende Maßgabe finden, dass sie nicht nur dem

Pontifex in der Ausübung seines Amtes dient, sondern auch im Dienst der unterschiedlichsten Ortskirchen zu stehen hat. Nur so könnte Einheit und Pluralität in der katholischen Kirche gleichgewichtig in Erscheinung treten. Ein erster Schritt könnten darin bestehen, auf Bischofsweihen in diesen Dienststellen, so weit wie möglich, zu verzichten. Ist ein Bischof ohne reale Herde nicht ein etwas merkwürdiges Gebilde?

RUFEN UND VERTRAUEN.

Das Wichtigste aber, so hat es Erzbischof Albert Rouet von Poitiers ausgedrückt, wird darin bestehen, die Konsequenzen aus der Erfahrung zu ziehen, dass die Kirche immer aus Rufen und Vertrauen auferbaut wird. Damit ist wiederum die Verantwortung aller angesprochen. Auf diese Weise werden wir einen guten Schritt zum Erwachsenwerden im Glauben tun und nicht einfach von Rom Lösungen erwarten, sondern das Eigene einbringen. Es wird dazu, auf lange Sicht, keine Alternative geben, weil die Menschen nicht mehr gezwungen werden können, auf die Kirche zu hören. Das ist einerseits gewiss bedauerlich, aber auf der anderen Seite erwächst dadurch erst die Möglichkeit, dass das Evangelium auf die Weise des Evangeliums verkündet und angenommen werden kann: In unbedingter Anerkennung der Würde und Freiheit jedes einzelnen Menschen. Damit aber bin ich wieder ganz in der Mitte des Konzils.

Deshalb zählt für mich letztlich nur ein Kriterium: die unverstellte und selbstverständliche Anerkennung des Zweiten

Vatikanischen Konzils und eines neuen Aggiornamento seiner Grundentscheidungen. Wir sollten durch unser Vertrauen und unser Engagement dieser Grundoption auf unsere Weise den Weg bereiten. Warten wir nicht nur auf einen neuen Papst. Immer können wir beten und gutes Tun und eine Erfahrung des Sakraments des Heils in unserer Lebenswelt realisieren. Davon kann uns niemand abhalten. Das muss uns auch niemand auftragen. Dies ist die Aufgabe, die uns mit der Taufe ins Herz eingeschrieben worden ist; – unmittelbar von Christus selbst.

[1] *Allen, John, Das neue Gesicht der Kirche. Die Zukunft des Katholizismus. Göttingen 2010*

JAN-HEINER TÜCK

Communio-Primat
Der Petrusdienst im dritten Jahrtausend

EINE SKIZZE

Dr. Jan-Heiner TÜCK, *geb. 1967.*
Universitätsprofessor für Dogmatik und Dogmengeschichte an der Katholisch-Theologischen Fakultät der Universität Wien. Jüngste Veröffentlichungen: Erinnerung an die Zukunft. Das Zweite Vatikanische Konzil, Freiburg 2012; sowie: Risse im Fundament? Die Pfarrerinitiative und der Streit um die Kirchenreform, Freiburg 2012.

Papst Benedikt XVI. hat etwas getan, was noch kein Papst der Neuzeit getan hat. Er hat von der Möglichkeit des freiwilligen Amtsverzichts Gebrauch gemacht – bislang eine rein theoretische Möglichkeit des Kirchenrechts ohne praktische Auswirkung (vgl. CIC 1917 c. 221; CIC 1983 c. 332 § 2).

EINE AUSSERGEWÖHNLICHE GESTE

Damit hat Benedikt XVI. durch seinen Amtsverzicht das Papsttum nicht nur entmystifiziert, sondern auch modernisiert. *Entmystifiziert*, weil er die christologische Überhöhung des Papstamtes zurückgenommen hat. Der Papst ist Mensch und bleibt Mensch, auch wenn er als Nachfolger Petri oberster Hirte und Lehrer der katholischen Christenheit ist; *modernisiert,* weil er durch seinen Rücktritt die Differenz von Amt und Person neu ins Bewusstsein gerufen hat, die unter dem charismatischen Pontifikat seines Vorgängers beinahe eingeebnet wurde. Das höchste Amt der katholischen Kirche, das der Person Joseph Ratzinger im Jahr 2005 durch Wahl des Kardinalskollegiums unbefristet übertragen wurde, hat er im Jahr 2013 als Papst freiwillig zurückgegeben – und zwar aus der Einsicht, dem Amt und seinen Herausforderungen in einer sich rasant wandelnden Welt physisch und geistig nicht mehr gewachsen zu sein. Dieses Eingeständnis der Schwäche ist stark. Es hat für einen Augenblick die auf die Schwächen des Pontifikats lautstark verweisenden Kritiker verstummen lassen. Und in diesem kurzen Augenblick des Verstummens wurde deutlich, dass Benedikt, dem Mann der Worte, am Ende eine Geste gelungen ist, die in die Zukunft reicht und wohl auch ökumenisch bedeutsam ist. Der Papst ist kein absoluter Souverän, sondern als Nachfolger des Apostels Petrus ein Diener der Kirche. Schon Johannes Paul II. hatte in seiner Enzyklika „Ut unum sint" 1995 einen überraschenden Anstoß gegeben, als er darum bat, mit ihm über eine neue evangeliumsgemäße und ökumeneverträgliche Ausübung des Petrusdienstes nachzudenken. Es ging ihm darum, „eine Form der Primatsausübung zu finden, die zwar keineswegs auf das Wesentliche ihrer Sendung verzichtet, sich aber einer neuen Situation öffnet". (UUS 95) Die Einsicht in den geschichtlichen Gestaltwandel des Petrusdienstes gewährt die Freiheit, über eine zeitgemäße Neugestaltung nachzudenken.

EINE NEUE SITUATION – EINE NEUE AUSÜBUNG DES PETRUSDIENSTES

Die neue Situation der Kirche im dritten Jahrtausend besteht darin, dass die Kirche ihre eurozentrische Gestalt abgestreift und kulturell polyzentrisch geworden ist. Die Globalisierung der lateinischen Kirche und ihre kulturelle Differenzierung stellen aber eine zentralistische Primatsausübung vor kaum lösbare Herausforderungen. Wie kann das Band zwischen den Ortskirchen in den unterschiedlichen kulturellen Großräumen gefördert werden, ohne dass durch römische Direktiven ein Uniformitätsdruck erzeugt wird? Was muss der Papst als Brückenbauer und Versöhner tun, um an den Differenzen, Zerreißproben und Konflikten, die es innerhalb der einen Kirche gibt, nicht zu scheitern? Der neue Papst wird den Petrusdienst stärker im Sinne eines *Communio-Primates* ausüben müssen, wenn er die Einheit in der Vielheit und die Vielfalt in der Einheit der Kirche stärken will. –

Einer solchen Reformabsicht, die Eigenständigkeit der bischöflich verfassten Ortskirchen zu stärken, scheinen allerdings die Dogmen des I. Vatikanischen Konzils (1869/1870) als Blockade entgegenzustehen, die auf das dreifache Trauma des Gallikanismus, des Staatskirchentums und des Liberalismus reagiert haben – Dogmen, die unter gewandelten Bedingungen vom II. Vatikanischen Konzil (1962–1965) noch einmal bekräftigt wurden, allerdings ergänzt durch das Widerlager der altkirchlichen Communio-Ekklesiologie und das Prinzip der Kollegialität der Bischöfe.

Das I. Vatikanische Konzil hat den universalen Jurisdiktionsprimat und die Infallibilität des Papstes in Fragen des Glaubens und der Sitte definiert (DH 3050–3075). Die provokante Spitzenaussage lautet: *Ex sese, non autem ex consensu ecclesiae*. Von einer kollegialen Mitverantwortung der Bischöfe an der Gesamtkirche ist hier bewusst nicht die Rede. Man wollte dem Gallikanismus, der die Zustimmung der Bischöfe als Bedingung für die Gültigkeit einer päpstlichen Lehrentscheidung forderte, unter keinen Umständen entgegenkommen. Diese Leerstelle im Konzilstext ist von maximalistischen Interpreten als Beweis für die absolute Souveränität des Papstes und als klare Absage an die kollegiale Mitverantwortung der Bischöfe gedeutet worden. Zu Unrecht. Denn das I. Vatikanum hat die Mitverantwortung der Bischöfe an der

Gesamtkirche zwar verschwiegen, aber nicht geleugnet. Bekanntlich ist das I. Vatikanum ein Torso. Es musste 1870 wegen Ausbruch des Deutsch-Französischen Krieges vorzeitig abgebrochen werden, daher konnte die Primatslehre nicht mehr ekklesiologisch eingebettet werden. Überdies hat der Sprecher der Glaubensdeputation gegenüber der damaligen Minorität der Konzilsväter, die die Eigenständigkeit der Bischöfe betont wissen wollte, die gesamtkirchliche Mitverantwortung des Bischofskollegiums ausdrücklich bejaht.[1] Schließlich hat Pius IX. die Kollektiv-Erklärung der deutschen Bischöfe gegen Otto von Bismarck gutgeheißen. Der deutsche Reichskanzler hatte in einer *Circular-Depesche* die europäischen Staatsoberhäupter vor der absoluten Monarchie des Papstes gewarnt und die Bischöfe als bloße „Werkzeuge" und „Beamte" des Papstes bezeichnet. Dem hatten sich die deutschen Bischöfe einhellig widersetzt und darauf hingewiesen, dass sie eigenständige Hirten ihrer Ortskirche seien – eine Deutung, die durch Pius IX. emphatisch bekräftigt wurde (vgl. DH 3117). Dies zeigt, dass das I. Vatikanum in Sachen gesamtkirchlicher Mitverantwortung des Bischofskollegiums die Tür nicht ins Schloss fallen ließ.

Die Majorität der Konzilsväter auf dem II. Vatikanum hat dies unterstrichen und unter Rückgriff auf die altkirchliche Communio-Ekklesiologie die Kollegialität der Bischöfe und deren Mitverantwortung für die Gesamtkirche neu betont. Allerdings ist im dritten Kapitel von „Lumen gentium" die Primatslehre des I. Vatikanums mit Nachdruck wiederholt worden, um denen entgegengekommen, die vom „Schreckgespenst eines Coguberniums" umgetrieben waren und die Vollmachten des Papstes in keinem Fall durch ein Organ der bischöflichen

Mitregierung eingeschränkt wissen wollten. Statt Primat und Episkopat in ihrer konstitutiven Bezogenheit aufeinander zu denken, wurde das Verhältnis der beiden Größen als Konkurrenz gefasst. Seitdem stehen in der Kirchenkonstitution zwei nicht ganz versöhnte Aussagereihen zum Primat des Papstes und zur Kollegialität der Bischöfe nebeneinander, die in einer neuen Situation auf neue Weise in Balance zu bringen sind.

DER PRIMAT DES PAPSTES IM KONZERT „PATRIARCHALER RÄUME“

Zu den Schwächen des Pontifikats Benedikts XVI. zählt es wohl, dass es die Stärken der frühen Theologie Joseph Ratzingers nur unzureichend umgesetzt hat. Dieser hat sich während des Konzils ganz entschieden für eine Stärkung der bischöflichen Kollegialität ausgesprochen und dazu auf die eucharistische Communio-Ekklesiologie der Alten Kirche zurückgegriffen.[2] Demnach ist die Kirche eine Gemeinschaft von Kirchen, die von Bischöfen geleitet werden. Diese stehen untereinander in Kommuniongemeinschaft; dem Bischof von Rom aber kommt in diesem Netz bischöflich verfasster Kirchen eine Sonderstellung zu, insofern die Gemeinschaft mit ihm die Zugehörigkeit zur Kirchengemeinschaft letztlich verbürgt. Diese Sonderstellung hat in der Geschichte unterschiedliche, teils missbräuchliche Ausgestaltungen gefunden, unter anderem auch deshalb, weil die Kompetenzen des Bischofs von Rom und des Patriarchen des Abendlandes auf den Petrusdienst übertragen und universalkirchlich geltend gemacht wurden.[3] Dem römischen Zentralismus wollte Ratzinger seinerzeit dadurch wehren, dass er den Einfluss der Kurie zurückfahren, die Mitverantwortung der Bischöfe an der Gesamtkirche aber durch einen Bischofsrat stärken wollte. Zugleich schlug er die Ausbildung patriarchaler Räume vor (ohne deshalb in der lateinischen Kirche neue Patriarchate einzuführen) – ein Vorschlag, der heute im Blick auf intermediäre Instanzen wie die kontinentalen Bischofskonferenzen fortgeschrieben werden müsste. Denn es ist für jeden kommenden Papst eine Überforderung, die globale und kulturell differenzierte katholische Kirche in allen Belangen zentral regieren zu wollen.

Die katholische Kirche ist zweitausend Jahre alt und bildet eine weltumspannende Institution mit weit über einer Milliarde Gläubigen. Ihre Präsenz auf den unterschiedlichen Kontinenten ist von unterschiedlicher Dichte, es gibt eine Gleichzeitigkeit ungleichzeitiger Positionen und vielfältige Spannungen und Herausforderungen, die von der jeweiligen Situation der kulturellen Großräume abhängen. Den schrumpfenden Kirchen Europas stehen junge, wachsende Kirchen in Afrika, Asien und in Teilen Lateinamerikas gegenüber. Diese sind in Moral- und Glaubensfragen oft kompromisslos konservativ, in politischen Fragen aber eher links. Während in Europa und Nordamerika viel Energie auf die Frage verwendet wird, wie die Sozialgestalt der Kirche verändert werden muss, damit sie im dritten Jahrtausend ihre prägende Kraft behalten kann, sind die Ortskirchen der südlichen Hemisphäre an dieser Art von Reformdebatten weniger interessiert. Die Bekämpfung von Armut und Korruption, der Einsatz für Frieden, Gerechtigkeit und Bewahrung der Schöpfung, aber auch die Auseinandersetzung mit aggressiven Formen des Islam und evangelikalen Formen des Christentums sind hier vordringlich.[4] Um dieser enormen Herausforderung gerecht werden zu können, bedarf die Leitung der Universalkirche struktureller Reformen, für die Ratzingers bislang nicht realisierter Vorschlag von patriarchalen Räumen zukunftsträchtig sein könnte. Was wäre, wenn der Papst Leitungskompetenzen delegieren und für die Kirchen in den unterschiedlichen kulturellen Großräumen „patriarchale Räume" einrichten würde, denen in liturgischen, aber auch disziplinarischen Fragen mehr Eigenständigkeit zukäme? In diese Richtung könnte der Petrusdienst jedenfalls stärker als *Communio-Primat* ausgeübt werden, wenn gilt, „dass der Spielraum der möglichen Gestaltungen viel größer ist, als unsere ungeschichtlich denkenden Rechtstheorien wahrhaben wollen"[5].

GLAUBENSERNEUERUNG UND DIE FREMDPROPHETIE DER SUCHENDEN

Als Papst, der in Gemeinschaft mit den Bischöfen die Leitung der Gesamtkirche ausübt, müsste er die Kommunikation über den Glauben in den unterschiedlichen Kontexten neu anstoßen. Die Konfession der Konfessionslosen wächst, die Schar der glaubensmüden Zeitgenossen wird größer – zumindest im alten Europa. Es besteht die Gefahr, dass immer mehr Zeitgenossen zu „Japanern" der eigenen Religionskultur werden und in der Literatur, die sie lesen, die biblischen Anspielungen nicht mehr erkennen, in den Museen, die sie besuchen, die religiös inspirierten Bildprogramme nicht mehr sehen. Der wachsende Analphabetismus ist ein Zeichen der Zeit, das dazu einlädt, die Grundwörter der biblischen Botschaft neu zu buchstabieren: Glaube, Hoffnung und Liebe. Benedikt XVI. hat dies in Ansprachen, Katechesen und Enzykliken immer wieder und in einer nachdenklichen, an der Bibel Maß nehmenden und durchaus werbenden Sprache getan. Auf dieser Linie sollte auch der kommende Papst Initiativen der Glaubenserneuerung setzen, um das unterscheidend Christliche in den intellektuellen Strömungen der Gegenwart einzubringen. Dabei wäre auch die Fremdprophetie der Agnostiker wahrzunehmen, die nach der Wahrheit suchen, ohne sie schon gefunden zu haben. Gerade der Kirche Fernstehende können der Kirche blinde Flecken spiegeln und damit zur selbstkritischen Aufarbeitung der kirchlichen Unglaubwürdigkeit beitragen. *Ecclesia semper purificanda!*

AUSTAUSCH DER GABEN UND FRIEDE IN DER GLOBALEN WELT

In der Geste des Amtsverzichts Benedikts liegt eine Selbstrelativierung, die auch der Kirche gut ansteht. Kirche ist kein Selbstzweck, das II. Vatikanische Konzil hat vor einem ekklesiozentrischen Narzissmus gewarnt und in Erinnerung gerufen, dass die Kirche nicht für sich selbst, sondern für Jesus Christus und seine Botschaft da ist. Auf Christus hin wird sie sich in seinem Geist immer wieder neu relativieren müssen. Dies wird auch der Papst als „Diener der Diener Gottes" zur Geltung zu bringen haben. In der Ökumene wird er den Blick vor allem auf die grundlegenden Gemeinsamkeiten lenken und den „Austausch der Gaben" voranbringen, ohne die noch verbleibenden schmerzlichen Trennungen leichtfertig zu übergehen. Auch die katholische Kirche ist durch die Spaltungen verwundet, sie kann durch die Begegnung mit anderen Kirchen lernen, ihre Katholizität voller und tiefer zu leben. So kann der Petrusdienst nicht nur als Hindernis der Ökumene, sondern als Förderer der sichtbaren Einheit und vollen Gemeinschaft unter den Kirchen tätig werden. Analoges gilt schließlich für den Dialog mit den Religionen, der in einer von Religionskonflikten durchzogenen Welt wichtiger ist denn je. Das gemeinsame Zeugnis für Frieden und Gerechtigkeit anzuregen, ist dem Papst als Brückenbauer geradezu abverlangt. Johannes Paul II. und Benedikt XVI. haben Repräsentanten anderer Religionsgemeinschaften nach Assisi eingeladen und dadurch ein weithin sichtbares Zeichen gegen Gewalt und Krieg gesetzt. In aller Demut haben sie bezeugt, dass für sie der Friede einen Namen und ein Gesicht hat: Jesus Christus. Seine gewaltige Gewaltlosigkeit muss nicht machtvoll durchgesetzt werden. Sie spricht für sich.

[1] *Vgl. Hermann J. Pottmeyer, Die Rolle des Papsttums im dritten Jahrtausend (QD 179), Freiburg 1999, 58.*

[2] *Joseph Ratzinger, Zurück zur Ordnung der Alten Kirche, in: Ders., Zur Lehre des Zweiten Vatikanischen Konzils. Formulierung – Vermittlung – Deutung, Freiburg 2012, Bd. 1, 345ff.*

[3] *Vgl. Ratzinger, Konkrete Formen bischöflicher Kollegialität, in: ebd. 348–357.*

[4] *Vgl. John L. Allen, Das Neue Gesicht der Kirche. Die Zukunft des Katholizismus, Gütersloh 2010.*

[5] *Ebd. 354f.*

PAUL M. ZULEHNER

Das Konklave revolutionieren

Paul M. ZULEHNER, *geb. 1939 in Wien,*
Religions- und Werteforscher sowie
emeritierter Pastoraltheologe (Universität Wien).

Es war kein Geringerer als P. Eberhard von Gemmingen SJ, langjähriger Leiter der deutschen Abteilung des Radio Vatikan, Koautor in diesem Buch, der schon seit geraumer Zeit betont hat: Das nächste Konklave sollte zum Wohl der Kirche anders ablaufen als die bisherigen. Dabei könnte die Kirche von modernem Headhunting in weltumspannenden Unternehmen lernen. Dort wird zuerst ein Katalog jener dringlichen Aufgaben erarbeitet, die heute im Unternehmen anstehen. Dann erst wird nach einer Person Ausschau gehalten, welche diese Agenda umsetzen kann.

DIE LAGE KLÄREN

Nun treffen sich die Kardinäle schon Tage vor dem Konklave in Rom zu informellen Konsultationen: und zwar nicht nur die wahlberechtigten 117, sondern auch die Emeriti über 80. Wobei die Vorverlegung durchaus bedeuten könnte, die Zeit für solche Konsultationen zu beschneiden. Nicht leicht zu sagen, wer daran Interesse hat. Jene in der Kurie, die sich schon länger auf eine Neuwahl eingestellt und ihre Konsultationen weithin erledigt haben? Aber wem dienen diese Zirkel und Konventikel? Wird hier wirklich messerscharf und klar die Lage der Welt und die Lage der Kirche in ihr analysiert? Werden die Stärken und Schwächen der Kirche in der eins werdenden Welt aufgelistet? Und warum sollte hier nicht – das Konzil bot gute Erfahrungen – jeder Kardinal einen *peritus* (eine international renommierte Fachperson der Theologie, aber ebenso der Wissenschaften vom Menschen, Frau oder Mann) mitbringen können? Auch eine solide externe Moderation wäre angebracht. Es ist vermutlich keine gute Lösung, dass diese Moderation jemand aus dem Kardinalskollegium innehat und seine eigene Position pusht. Der Ausgangspunkt für eine solche Bestandsaufnahme könnte Jeremia 29 sein. Das Volk ist deportiert: in eine Welt, die es sich nicht ausgesucht hat. Viele möchten in die Idylle des Alten zurück. Jeremia aber muss ihnen im Namen Gottes zurufen: Sie sollten sich um das Wohl jener Stadt kümmern, in die Gott sie „hinweggeführt" (v7) hat. Und um es ihnen schmackhaft zu machen, fügt er bei: In ihrem Wohl liegt euer Wohl.

DIE WELT VON HEUTE

Bleibt die Kirche der Heilsgeschichte Gottes mit seiner einen Welt treu, dann geht das also nur „in der Welt von heute". Sollte Kardinal Martini in seinem bedrängenden Interview wenige Wochen vor seinem Tod Recht haben, dass die Kirche noch nicht in dieser Welt von heute angekommen ist, sondern 200 Jahre zurück hängt? Dann kommt auf den neuen Papst eine schier unlösbare Aufgabe zu.

Scharfsichtig muss der Blick auf die Stärken der heutigen Welt sein. Ihre Sehnsucht nach Freiheit, nach Unantastbarkeit der Würde des Menschen *from womb to tomb,* wie die US-Amerikaner präzise formulieren. Die Kirche könnte von der heutigen Welt viel für ihren Umgang mit den Frauen lernen. Nicht fehlen dürften die Analysen der wachsenden Gewalt, Gier und Lüge: also Terror, Finanzkrise, Korruption. Auf die Agenda gehört auch eine große Enzyklika über die Bedrohung der Schöpfung durch den Menschen. Dazu gibt es zwar viele gute Textbausteine in lehramtlichen Aussagen. Aber der große Wurf steht noch aus. Und Benedikt hat zwar bemerkenswerte Texte zu den mystischen Quellen hinterlassen, doch das Heben ihrer politischen Sprengkraft ist dem nächsten Papst aufgegeben.

WELTANSCHAULICHE BUNTHEIT

Zu den großen Themen der Menschheit gehört die weltanschauliche Buntheit. In jedem Land der Erde, das politische Freiheiten hat, gibt es eine von den Menschen gewählte Vielfalt von Religionen und Weltanschauungen. Muslime, Buddhisten, Hindus, Daoisten, Atheisierende, spirituelle Pilger, Skeptiker. Und selbst innerhalb dieser Religionen besteht nochmals eine enorme Vielfalt. Diese entsteht oft nicht aus unterschiedlichen Ansichten über die Fragen des Glaubens, sondern des Lebens, der Freiheit, der Ordnung, das Gewissens. Es gibt also die „Liberalen“ und die „Fundamentalisten“ die Weltzugewandten“ und die „Weltabgewandten“. Pontifikale Typen sind nur ein Typ in dieser Variation zum Verhältnis zwischen der Kirche und der modernen Welt. Sie sind jene, die sich auf dem klaren überlieferten Fundament der offenen Mitte bewegen. Wie steht es aber um das Miteinander der verschiedenen Weltanschauungen in der einen Welt? Ohne weltanschaulichen Frieden wird es keinen Frieden in der Welt geben. Benedikt XVI. sah die große Herausforderung in allen Weltreligionen darin, der

Versuchung, die Macht der Wahrheit in Gewalt der Wahrheitshüter zu transformieren, zu widerstehen. Zu Recht hat Benedikt die Diktatur des Relativismus kritisiert. Dasselbe gilt aber auch für die Diktatur des Fundamentalismus. Keine Weltanschauung ist davon frei, auch keine Kultur. Die französische *laicité* kann durchaus in eine totalitäre Staatsreligion kippen. Die Kirche wird allen totalitären Bestrebungen bis aufs Blut widerstehen. Es gilt der klare Satz des großen Europäers Johannes Pauls II., gesprochen 1979 auf dem Siegesplatz im Warschau beim Pfingstgottesdienst inmitten des damals herrschenden Kriegsrechts: „Wer sein Knie vor Gott beugt, beugt es nie mehr vor der Partei." Oder auch der Kirche. Diese mystisch-politische Aussage trug erheblich zum Ende des totalitären Kommunismus bei. Politische Präsenz lebt davon, dass die Kirche wie Jesus vom Berg herabkommt und beim Aussätzigen ankommt.

ZUR LAGE DER KIRCHE

Dann braucht es aber eine ebenso schonungslose Bestandsaufnahme zur Lage der katholischen Kirche selbst. Und dies in Verbindung mit den vielen anderen Nachfolgegemeinschaften auf der Spur des Evangeliums, den unersetzlichen Pfarrgemeinden, den alten und jungen Orden, den *Movimenti.*

Eine solche Lagebewertung könnte ansetzen bei der Frage, was das Zweite Vatikanische Konzil bewirkt hat: in der Kirche, für die Kirche, in der Welt, für die Welt. Vorbehaltlos wäre die Annahme zu besprechen, ob dieses Konzil womöglich selbst die Krise der Kirche zumindest in Europa verursacht habe? Benedikt XVI. huldigte bis zum Schluss dieser Hypothese und hat sie nach seiner Rücktrittsankündigung noch einmal mit den römischen Priestern diskutiert. Schon 1975 zitierte er den konzilsablehnenden Kirchenlehrer Gregor von Nyssa und übernahm von ihm dessen deprimierende Resümee: Dass am Ende möglicherweise alles, was das Konzil an Neuerungen gebracht hat, umsonst gewesen sein könnte (Ratzinger im BR 1975).

Zu klären wäre auch, was aus den großen Reformanliegen des Zweiten Vatikanischen Konzils geworden ist. Wie steht es beispielsweise um die Religionsfreiheit in den Nationen der einen Welt? Wie gestaltet sich in Afrika das Verhältnis von Muslimen und Christen, in Indien das von Hindus und Christen? Wie steht es um die Fragen der weltweiten Gerechtigkeit? Um die vielfältigen Gesichter der Gewalt, im Terror, bei der Gewalt gegen Frauen? Um die Lüge im politischen Weltgeschäft und im Leben der einzelnen: also die vielen Formen von Korruption, die auch vor den Toren des Vatikans nicht Halt gemacht hat?

VONEINANDER LERNEN

Ist die katholische Kirche willens, die innerchristliche Ökumene voranzubringen und auch von anderen Kirchen zu lernen? Da gäbe es Einiges: Die Freiheit von den modernen Protestanten (welche auch gar nicht alle Protestanten schätzen), die Mystik von den vormodernen Orthodoxen (ich weiß schon: auch hier gibt es eine Modernitätsvielfalt), von den Orthodoxen vielleicht auch eine biblisch begründete pastorale Praxis im Umgang von Scheidung und Wiederheirat bei Kirchenmitgliedern?

Vor allem könnten sich die christlichen Kirchen zusammentun in der weltbewegenden Frage nach der Stellung Jesu Christi im universellen Heilsplan Gottes. Dieses Thema hatte „Dominus Iesus" angetönt, ist aber im leidigen Streit um den Kirchenstatus protestantischer Schwesternkirchen gänzlich untergegangen. Wenn der Weltaufrichter sich für alle verausgabt hat und alle rettet, die in den Werken erbarmungsvoller Liebe vor sein Gericht des Erbarmens kommen (Mt 25) – also die Buddhisten, die Atheisten, die Muslime, die Christinnen und Christen usf.: Sollte diese Grundfrage das kommende Pontifikat nicht weit mehr beschäftigen als die eurozentrierte Aussöhnung der Protestanten, Orthodoxen und Katholiken und der vielen, die sich netzwerkartig organisiert auf der Spur Jesu befinden, die boomenden Pfingstbewegungen, die Freikirchen etc. Die katholische Kirche könnte mit den anderen christlichen Kirchen der Welt vorleben, dass ihr „enthüllt" etwas geschenkt ist, was Gott allen seinen Ebenbildern durch seinen Geist „verhüllt" (Hans Urs von Balthasar) schenkt: dass sie mit Gott geeint gottförmig, also Liebende werden (Meister Eckhart). Wer als liebender Mensch im Tod ankommen wird – und jedem wird von Gott Lob zuteilwerden – wird ein Moment an der vollendeten Schöpfung, deren Haupt der Auferstandene Christus ist (Kol 1,15-20). Kurzum: Auch und gerade „religionspolitisch" wird der nächste Papst universell sein und nicht mehr nur eurozentrisch-konfessionell agieren. Und weil er Gott Unausdenkbares zutraut, wird er im Grunde seiner Verkündigung heilsoptimistisch sein: Es ist das, was vom Konzil auf jeden Fall bleiben wird.

Auch um ein anderes „Herzthema" der Christen wird der nächste Papst nicht herumkommen. Wenn er seinen Vorgängern geistig folgt, dann weiß er, dass die Kirche in all ihren gläubigen Gemeinschaften in der Eucharistie geschaffen, geformt, genährt, erneuert, gereinigt, geheilt wird. *Ecclesia de eucharistia,* so die Kurzformel von Johannes Paul II. aus dem Jahr 2003. Der scheidende Papst Benedikt steht ihm in der Würdigung der Eucharistie nicht nach. Für ihn ist jede einzelne Feier der Eucharistie Weltverwandlung:

- „Diese erste grundlegende Verwandlung (im Tod Jesu am Kreuz hinein in die Auferstehung) von *Gewalt in Liebe,* von Tod in Leben zieht dann die weiteren Verwandlungen nach sich.
- *Brot und Wein* werden sein Leib und sein Blut.
- Aber an dieser Stelle darf die Verwandlung nicht Halt machen, hier muss sie erst vollends beginnen. Leib und Blut Jesu Christi werden uns gegeben, damit *wir* verwandelt werden. Wir selber sollen Leib Christi werden, blutsverwandt mit ihm. Wir essen alle das eine Brot. Das aber heißt: Wir werden untereinander eins gemacht. Anbetung wird, so sagten wir, Vereinigung. Gott ist nicht mehr bloß uns gegenüber der ganz Andere. Er ist in uns selbst und wir in ihm.

- Seine Dynamik durchdringt uns und will von uns auf die anderen und *auf die Welt im Ganzen* übergreifen, dass seine Liebe wirklich das beherrschende Maß der Welt werde.“ (Benedikt XVI., Weltjugendtag in Köln 2005.)

Wenn also die Feier des Herrenmahls das Herz der Kirche ist: Muss dann der künftige Papst nicht alles Erdenkliche tun, damit gläubige Gemeinschaften und Gemeinden Eucharistie feiern können? Kann er mitansehen, wie nicht nur in Europa, sondern längst zuvor in den anderen Regionen der Welt die Kirche eine Art eucharistischen „Herzinfarkt“ erleidet?

Das alles ist nicht mehr als eine thematische Skizze, die inhaltlich völlig unausgereift ist, lediglich Themen kursorisch benennt, die aber vor dem Konklave eine Rolle spielen sollten, weil sie die Kirche in den nächsten Jahren fordern werden.

WER IST DAFÜR GEEIGNET?

Ist diese Bestandsaufnahme im Groben derart tiefschürfend gemacht, dass allen der Ernst der Lage der Kirche in der turbulenten Welt von heute vor Augen ist, werden sie daran gehen, die Person ausfindig zu machen, der sie zutrauen, die anstehenden Aufgaben anzugehen. Dabei kann ein Blick auf den letzten Papst hilfreich sein. Stärken seines Pontifikats werden sichtbar, an denen sich der Nachfolger erfreuen und orientieren kann; aber es gibt auch Schwächen, die der neue Papst möglichst vermeiden muss.

Vorauszuschicken ist, dass den kommenden Herausforderungen kein Papst mehr allein gewachsen sein kann. Er braucht eine strukturierte Beratung, unabhängig von theologischen Vorlieben und kirchenpolitischen Ausrichtungen.

Befragt nach dem Anforderungsprofil des neuen Papstes – in gleichzeitiger Kontinuität und Abhebung vom letzten Pontifikat – würde ich dieses folgendermaßen umschreiben und (pastoral-)theologisch begründen: Benedikt XVI. war wohl der letzte europäische Papst. Sein vorrangiges Interesse galt der geistigen Lage des alten Kontinents, dem die Kirche sehr viel verdankt und der ihr auch tiefe Wunden geschlagen hat, wie Johannes Paul II. in seinem Schuldbekenntnis am Beginn des dritten Jahrtausend eingestanden hatte. Sein Gegenüber war der europäische (und nordamerikanische) Relativismus, aus dem die tiefgreifende Säkularisierung des Kontinents erwachsen sei. Die theologischen Aufbrüche in anderen Kontinenten (vor allem in Indien) waren ihm nicht geheuer. Es war ja wegen des Jesuiten Jacques Dupuis zu einer öffentlich ausgetragenen Auseinandersetzung mit dem Wiener Altkardinal Franz König ausgerechnet im englischen „Tablet“ gekommen.

Der kommende Papst muss die Universalisierung: also die ganze eine Welt im Blick haben, alle Religionen und Weltdeutungen – einschließlich des Atheismus. Gott ist ein Gott aller in ihrer Vielfalt: der Atheisten ebenso wie der Buddhisten etc. Der kommende Papst muss vor allem die Theologen und Theologinnen dieser Kontinente ermutigen, in den kulturellen Dialog ihrer Region einzutreten, ohne deshalb den nach wie vor unverzichtbaren sozialen Dialog zu verraten.

Kurzum: Der künftige Papst braucht einen Welthorizont. Er muss der vielleicht erste wirkliche Weltpapst sein. Dazu wird er die Kirche universalisieren. Und das muss – wie Eberhard von Gemmingen eindrucksvoll in diesem Buch begründet – zur Beendigung des angstbesetzten Hangs zur Uniformisierung führen. Kluge De-Zentralisierung ist angesagt. Das Papstamt wird die Einheit der bunten Weltkirche nicht durch autoritäre Uniformisierung erhalten, sondern eine große Freude an den kontinentalen Vielfalten haben. Warum sollen sich die Kontinente wie Patriarchate nicht mit unterschiedlichen Geschwindigkeiten entwickeln und verschiedene thematische Schwerpunkte setzen? Das hätte nach dem Zweiten Vatikanischen Konzil bereits geschehen können. Aber erste Ansätze wurden im Keim erstickt. Ich habe selbst fünfzehn Jahre unter den Kardinälen Martini, Hume und Vlk als Berater für die Präsidenten des Rates der europäischen Bischofskonferenzen (CCEE) gearbeitet. Die Kontrolllust der vatikanischen Zentrale war zunehmend aggressiv. So hatte 1989 Kardinal Martini nach der Einung Europas ein Symposium der Europäischen Bischöfe geplant. Ohne mit ihm ein Wort zu reden, hat der Vatikan selbst für die gleiche Zeit eine Europasynode angekündigt. Es müsste ein Papst kommen, welcher den kontinentalen Bischofskonferenzen Entscheidungsbefugnisse einräumt. Dann muss die Frage des Priestermangels in Afrika vielleicht anders behandelt werden als in Europa oder Nordamerika. Warum nicht? Wir haben ja unter dem Dach der einen Katholischen Kirche die unierten Griechisch-Katholischen oder die Syromalabaren aus Indien, mit eigenen Liturgien und Gesetzbüchern. Und sie stören die weltweite Einheit der Katholischen Kirche überhaupt nicht. Im Gegenteil, gestützt auf ihre jahrhundertalten Traditionen sind sie stark, kennen keinen Mangel an Priestern und sind daher nicht in der prekären Lage, dass ihre gläubigen Gemeinden nicht Eucharistie feiern können. Papst Benedikt war kirchenpolitisch ein Uniformist, theologisch aber ein Universalist!

Der künftige Papst braucht zudem den Mut, mehr transparente und konstruktive Kommunikation zu institutionalisieren. Der Vatikan hat in den letzten Jahrzehnten bisweilen eher den Eindruck eines mittelalterlichen Fürstenhofs hinterlassen. Alle Leiter der Dikasterien sind papstunmittelbar, eine geregelte Kommunikation untereinander gibt es nur zufällig. Damit ist aber der Raum offen für Seilschaften und intransparente Entscheidungsabläufe. Auch hier könnte die katholische Kirche von ihren Schwesterkirchen lernen: Als Metropolit Staikos zum Bischof geweiht wurde, war ich als Dekan der katholisch-theologischen Fakultät eingeladen. Mit ging ein Schauer über den Rücken, als der Archidiakon die Versammelten fragte: *Axios estin?* Ist er würdig? Und das Volk dreimal rief: *Axios estin.* Bei einigen der in den letzten Jahrzehnten in Österreich ernannten Bischöfe hätte das niemand mit Begeisterung gesagt. Ein – möglichst transparent institutionalisiertes – Hören auf den *sensus fidelium* hätte hier so manchen Schaden vermeiden können …

Der neue Papst muss auf die Einhaltung des Kirchenrechts pochen und auf die Beteiligung der Ortskirchen, die darin vorgesehen ist. Es sollte in seinem Pontifikat niemand „invitus“ (unerwünscht) Bischof einer Ortskirche werden. Das würde der Kirche viel Image verschaffen und viele Fehlbesetzungen ersparen.

Wichtig für den kommenden Papst ist, dass er für das Evangelium steht und sicherstellt, dass die ihm anvertraute Weltkirche in der Spur des Evangeliums bleibt. In dieser Hinsicht hat Benedikt XVI. stark gepunktet. Unvergesslich ist seine erste Enzyklika „Deus Caritas est“! Mit ihr wird er als ein Papst in die Geschichte eingehen, der die Mitte des Evangeliums gesucht, also „essentialisiert“ hat. Und das in einer Sprache, die auch schön und auf das erste Hören verständlich war und zu Herzen ging. Wer erinnert sich nicht an die berührende Aussage, dass wir in unserer modernen lauten Zeit in der Gefahr sind, gotttaub zu werden und daher die leise Musik Gottes nicht mehr zu hören?

Was Benedikt hingegen weniger gelang, war die Weltkirche oder gar die römische Kurie zu leiten.

Kardinal König, der auch viel von Benedikt hatte und gern reiste und diskutierte, hatte einen ausgezeichneten Generalvikar mit Erzbischof Franz Jachym. Benedikt hatte Bertone.

Wenn also die Kardinäle es noch einmal riskieren, einen Professor zu wählen, dann muss es zugleich einer sein, dass er von moderner Governance etwas versteht, eine klare

Menschenkenntnis hat und die besten Leute an die wichtigen Stellen beruft. Dazu braucht es ein modernes Assessment, also ein gediegenes Auswahlverfahren mit klarem Anforderungsprofil. Er wird dabei die Kompetenz auch Andersdenkender schätzen. Da können durchaus professionelle Headhunter aus dem profanen Leben mitwirken. Aus all dem folgt, dass der kommende Papst eine außergewöhnliche Führungskompetenz braucht und die Kurie so reformiert, dass sie modernen Ansprüchen gerecht wird.

Es ist dann zweitrangig, wenngleich nicht unwichtig, ob dieser kommende Papst aus Europa ist oder aus einem der anderen Kontinente der Weltkirche. Dieser Aspekt ist allerdings deshalb nicht belanglos, weil sich auf dem Konzil die katholische Kirche enteuropäisiert und sich entschieden hat, Weltkirche zu sein. Das steht so auf dem Papier. Es ist wie eine geschlossene, aber nicht vollzogene Ehe. Erst wenn der Papst das Gesicht eines Asiaten (warum nicht den jungen 55jährigen und offenherzigen Tagle von den Philippinen), eines Afrikaners (da wird der in sozialen Weltfragen sehr erfahrene Turkson gehandelt) oder eines Lateinamerikaners (vielleicht Maradiaga oder der Opus-Dei-nahe Scherer) trägt, ist – um beim Bild zu bleiben – die Ehe vollzogen. Dann erst ist die katholische Kirche wirklich Weltkirche geworden.

Und Benedikt? Er hat sein achtjähriges Pontifikat hindurch ängstlich keine Traditionen angetastet und aufgegebene wieder aufgenommen – und verabschiedete sich dann mit einem aufsehenerregenden Traditionsbruch: Er ist zurückgetreten. Und weil es ein derartiger Traditionsbruch durch einen gestrengen Traditionshüter ist, werden die Fragen nicht verstummen, wie „freiwillig" dieser durchaus richtige Schritt gemacht wurde.

Benedikt war ein guter Papst. Er hat als „einfacher Arbeiter im Weinberg des Herrn" angefangen. Im Lauf der acht Jahre ist er zu einem „einsamen Arbeiter im Weinberg des Herrn" geworden.

SPIRITUALITÄT FÜR JEDEN TAG

Matthias Beck
LEBEN – WIE GEHT DAS?
Die Bedeutung der spirituellen Dimension an den Wendepunkten des Lebens

232 Seiten; 13,5 x 21,5 cm
€ 19,99 · ISBN 978-3-222-13351-0

Arnold Mettnitzer
DAS KIND IN MIR
Perspektiven eines geglückten Lebens

120 Seiten, 12 x 20 cm
€ 14,99 · ISBN 978-3-222-13391-6

Petra Steinmair-Pösel
AUS FRAUENSICHT
Spirituelle und politische Impulse für jeden Tag

168 Seiten, 12 x 20 cm
€ 16,99 · ISBN 978-3-222-13396-1

styria premium

BILDNACHWEIS

Seite 82: Peter Grewer, WWU Münster
Seite 108: © larentzakis-photography.com
Alle übrigen Fotos: privat

IMPRESSUM

ISBN 978-3-222-13409-8

Bücher aus der Verlagsgruppe Styria gibt es in
jeder Buchhandlung oder im Online-Shop.
styriabooks.at

Lektorat: Reinhard Deutsch · Johannes Sachslehner
Buch- und Umschlaggestaltung: Bruno Wegscheider
Druck und Bindung: Druckerei Theiss GmbH, St. Stefan im Lavanttal
7 6 5 4 3 2 1
Printed in Austria